CHAMBRE DE COMMERCE DE ROUEN

ENQUÊTE

EXPOSÉ DE LA SITUATION

DES

INDUSTRIES DU COTON

ET DES

PRODUITS CHIMIQUES

DANS

LA SEINE-INFÉRIEURE & L'EURE

1859-1869

COMMISSION : MM. J. LEVAVASSEUR, H. BARBET, POUYER-QUERTIER, BERTEL, A. CORDIER, L. HAZARD, DUBOULAY, E. MALÉTRA, L. FERRY, GERMONIÈRE.

ROUEN
IMPRIMERIE CH.-F. LAPIERRE ET Cie
Rue St-Etienne-des-Tonneliers, 1er

1869

RAPPORT

ADOPTÉ DANS LA SÉANCE DU 19 AOUT 1869.

M. Alphonse CORDIER, *Rapporteur.*

MESSIEURS,

Dans votre séance du 21 janvier dernier, il vous a été donné lecture de deux lettres adressées à M. le Ministre de l'agriculture, du commerce et des travaux publics. Ces lettres émanaient, l'une de la Chambre consultative des Arts et Manufactures de Roubaix, l'autre de la Chambre consultative de Tourcoing, et elles exposaient la situation désastreuse de ces deux centres industriels par l'effet des traités de commerce. Sur la proposition d'un de nos collègues vous avez nommé une commission chargée d'étudier la même question par rapport aux principales industries de notre circonscription.

Depuis lors, votre commission n'a cessé de s'occuper de sa tâche, et si elle n'a pu vous soumettre plus tôt son travail, c'est qu'il lui a fallu rassembler une foule de renseignements et de documents; vous en apprécierez l'importance.

Le traité de commerce conclu entre la France et l'Angleterre le 23 janvier 1860, dont la mise en pratique, pour les marchandises en coton, remonte au 1er octobre 1861, touche à son terme; sera-t-il dénoncé, ou sera-t-il continué? C'est ce qu'une décision du Gouvernement ne peut tarder à nous apprendre. En tout cas, il y a lieu de se rendre compte des résultats amenés par le nouveau régime économique dont le traité anglo-français fut l'acte d'inauguration. Il y a donc opportunité et même urgence à faire un examen sérieux de cette grave question.

Depuis neuf années, nous avons suivi pas à pas, avec une scrupuleuse attention, la marche des événements commerciaux; nos rapports trimestriels à M. le Sénateur Préfet de la Seine-Inférieure, dont copie est adressée régulièrement à Son Exc. M. le Ministre de l'agriculture, du commerce et des travaux publics, sont, en quelque sorte, le procès-verbal des vicissitudes qui se sont succédées dans le domaine du commerce et de l'industrie de notre région. Aujourd'hui le moment nous semble venu de procéder à l'inventaire de ce passé, afin de constater les résultats généraux et de reconnaître quelle est la situation réelle de notre groupe manufacturier.

Déjà plusieurs Chambres de Commerce nous ont devancés dans l'accomplissement de cette même tâche; nous manquerions certainement à un devoir sacré si nous n'apportions notre contingent de lumières à l'étude de cette difficile période d'expérimentation.

D'ailleurs, ce n'est pas seulement en France que les rapports internationaux ont le privilége d'éveiller l'attention publique. En Angleterre, on s'en occupe activement et l'on prend des dispositions pour obtenir l'abaissement des tarifs établis en 1860. Ainsi, nous lisons dans le quarante-huitième rapport annuel du conseil des directeurs de la Chambre de Commerce de Manchester, 1er février 1869, page 22 :

« Résolution adoptée à l'unanimité par la Chambre de Commerce de Manchester :

« Que, dans l'opinion unanime du conseil, le traité de
« commerce entre la France et l'Angleterre (mieux connu
« sous le nom de traité français de 1860), qui a été mis en
« pratique depuis plus de neuf années, a été très-haute-
« tement profitable au commerce et à la prospérité générale
« des deux nations ; et qu'en vue du développement qui
« doit encore être provoqué, en faveur des rapports entre
« les deux pays, un mémoire doit être adressé au Gouver-
« nement de Sa Majesté pour l'inviter et l'exciter à faire
« tous ses efforts afin d'obtenir une réduction des droits
« trop élevés qui frappent encore certaines classes de pro-
« duits manufacturés. »

« Une commission a été immédiatement nommée pour rédiger le mémoire et établir la liste des articles concernant la production du district (Lancastre), pour lesquels il est désirable d'obtenir un abaissement de tarifs. »

Une enquête contradictoire se poursuit donc des deux côtés de la Manche : enquête libre et spontanée, dont les points de vue diffèrent assurément, selon la condition respective des intérêts.

En ce qui nous concerne, nous ne voulons rien avancer que nous ne puissions prouver ; nous appuierons nos déclarations de preuves authentiques et de témoignages irrécusables, et nous nous efforcerons de mettre en relief la situation rigoureusement exacte de nos diverses spécialités industrielles.

Afin de bien faire saisir les résultats et d'en faciliter la démonstration, il nous paraît convenable de passer en revue d'abord nos principales branches industrielles, les conditions dans lesquelles elles se meuvent et les forces contraires qui ont pu faire obstacle à leur expansion. Si, à ce point de vue général, nous parvenons à poser clairement les termes de la question, peut-être arriverons-nous à jeter quelque lumière sur les voies et moyens qui permettent de résoudre les difficultés; et alors il nous sera donné d'en tirer certaines conséquences pratiques qui pourront servir de guides en vue de la meilleure solution.

Les grandes industries de notre région se composent de spécialités parfaitement distinctes, mais reliées entre elles par une intime solidarité; chacune a son rôle particulier, et toutes concourent à l'ensemble d'une œuvre immense : l'industrie cotonnière.

Ainsi la *Filature* prend le coton à l'état brut et le transforme en filé.

Le *Tissage* prend le filé, sa matière première, pour en faire du calicot.

L'*Indiennerie* s'empare du calicot, sa principale matière première, et le convertit en indiennes ou toiles peintes.

La *Rouennerie* prend également le filé, sa principale matière première, et en fait une étoffe tissée en couleur.

La *Fabrication des produits chimiques* a pour objet de fournir à l'indiennerie et à la teinturerie les agents nécessaires à la coloration ou au blanchîment des fils et des tissus.

Chacune de ces branches a sa fonction particulière ; si quelques-unes sont parfois réunies dans une même main, elles n'en constituent pas moins une opération à part qui peut donner lieu à une transaction commerciale d'une spécialité à une autre. C'est ainsi que nous avons dû les envisager afin de pouvoir préciser l'importance des intérêts qu'elles représentent.

Dans notre circonscription, le travail manufacturier est l'axe autour duquel viennent se mouvoir tous les autres éléments de l'activité sociale : commerce proprement dit, trafic maritime, industrie agricole même ne se meuvent et n'agissent qu'en vue de l'industrie manufacturière, ou plutôt sont entraînés dans son mouvement ; quand l'industrie manufacturière est florissante, sa prospérité rayonne en quelque sorte sur toutes les autres branches de l'activité générale.

Notre travail aura donc pour but exclusif l'étude de la production manufacturière dans ses rapports avec la concurrence étrangère, seul point qui soit susceptible d'une appréciation arithmétique ; plus tard, il nous sera facile d'établir quelle est son action dans les échanges commerciaux.

Nous allons, par conséquent, procéder à l'analyse des fonctions de nos principales branches industrielles et de leurs principaux éléments de production.

FILATURE

Les établissements dont les opérations commerciales sont centralisées à Rouen sont répartis sur tous les points des départements de la Seine-Inférieure et de l'Eure.

Afin d'être plus précis, nous dirons que les filatures s'installent partout où elles rencontrent un équilibre en rapport avec le point le plus favorable qui est le voisinage de Rouen. Ainsi, Bolbec, Lillebonne, etc., trouvent la compensation de l'éloignement de la place de Rouen dans le rapprochement du marché d'approvisionnement, qui est le Havre. La vallée d'Andelle et d'autres localités plus éloignées encore ont, dans les moteurs hydrauliques et dans les conditions d'existence plus économiques pour leurs ouvriers, une compensation aux frais de transport des matières premières et des marchandises fabriquées.

Voici quelle est la part afférente à chacun des deux départements :

1859.

Seine-Inférieure,	236	filatures représentant	1,395,894 br.
Eure.	59	— —	421,434 »
	295		1,817,328 br.

1869.

Seine-Inférieure,	186	filatures représentant	1,491,333 br.
Eure.	60	— —	429,784 »
	246		1,921,117 br.

(Tableaux I, II, III, IV, V, VI.)

Et si l'on ajoute le total des broches de la Basse-Normandie, qui est de (Tableau VI bis). . . . . 297,800 »

nous avons pour toute la région normande. . 2,218,917 br.

Pendant cette période de dix ans, la moyenne des broches par établissement s'est notablement augmentée dans la Seine-Inférieure, elle s'élève dans la proportion de 6 à 8. Dans l'Eure, elle s'est peu modifiée et reste à peu près à la proportion de 7 (1).

Construction. — En 1859, on estimait le chiffre d'installation d'un établissement de 10,000 broches à raison de :

Terrain, bâtiments, force motrice	28 fr. 30
Machinerie.	26 70
	55 fr. »

En 1869, on compte :

Terrain, bâtiments, force motrice.	28 fr. 30
Machinerie.	21 70
	(2) 50 fr. »

(1) Voir page 75.

(2) Le prix peut s'élever encore en raison du nombre des appareils de préparation. On vient d'organiser une filature tout près de Rouen dans laquelle la broche revient à 57 fr. 50 ; une autre est en voie de construction à Bolbec qui n'exigera pas moins de 60 fr. Quoique plus coûteuse, cette organisation est peut-être la meilleure ; mais l'insuffisance des ressources est souvent un obstacle à ce perfectionnement. Sous ce rapport, le manufacturier anglais possède encore un avantage marqué, qu'il importe de signaler.

La construction de tous les établissements de filature de la Seine-Inférieure et de l'Eure coûterait donc à établir aujourd'hui 96,055,850 fr., et avec la Basse-Normandie, 110,945,850 fr. (Tableau VI bis.)

Force motrice. — On estime qu'il faut, en moyenne, 80 chevaux effectifs vapeur pour faire mouvoir 10,000 broches, soit deux machines à vapeur de 30 chevaux, force nominale (1). L'industrie de la filature de la Seine-Inférieure et de l'Eure emploie donc une force effective de 15,368 chevaux vapeur (2).

Consommation du charbon. — La consommation du charbon étant de 2 kilog. 500 par heure et par force de cheval (3), la dépense journalière pour 80 chevaux, faisant mouvoir 10,000 broches, sera de . . . . . 2,400 kilog.

Plus pour mise en train et chauffage en hiver 280

2,680 kilog.

Soit 800 tonnes pour les trois cents jours ouvrables de l'année, à 22 fr., 17,600 fr. Par conséquent, la force motrice utilisée par les filatures de la Seine-Inférieure et de

(1) Un cheval force pourra conduire 120-125 broches, à 6,000 tours, soit 80 chevaux pour 10,000 broches. (Note de M. Bertel.)

(2) Un grand nombre de filatures utilise des chutes, soit en les associant à des machines à vapeur, soit comme unique moteur ; mais les chutes étant louées en raison de la force produite, et d'autres inconvénients résultant de la distance venant compenser cet avantage, ainsi que nous l'avons indiqué plus haut, nous pouvons prendre comme base d'appréciation le moteur à vapeur installé dans la circonscription de Rouen.

(3) M. Bertel porte la consommation à 2 kilog. par heure et par cheval ; mais il raisonne sur une installation toute récente, la plupart des machines consommant 3 kilog. En prenant la moyenne, 2 kilog. 500, nous croyons être plus près de la vérité.

l'Eure correspond à 153,689 tonnes, au prix moyen de 22 fr. (1), équivaut à une dépense de 3,381,158 fr. (Tableau XL.)

Mais comme la force hydraulique utilisée dans les deux départements est évaluée à peu près au cinquième de la totalité, la consommation réelle du charbon doit être portée à environ 122,950 tonnes, soit une dépense annuelle de 2,704,900 fr.

Main-d'œuvre. — Une filature de 10,000 broches emploie, en moyenne, 70 ouvriers ou 7 ouvriers par 1,000 broches (2), dont les salaires, au taux du jour, la main-d'œuvre ayant augmenté de 20 0/0 depuis 1859, peut se chiffrer de la manière suivante :

Fileur.	4 fr.	50
Grand rattacheur.	2	25
Petit rattacheur.	1	50
Ouvrière de banc-à-broch.	3	»
Ouvrière bobineuse. . . .	2	»
A reporter. . .	13 fr.	25

(1) Le charbon du nord de la France vaut aujourd'hui tout venant 12 fr. au carreau de la mine, plus transport de chemin de fer . . . . 7,40 = 19,40
12 fr. au carreau de la mine, plus par bateau. . . 5,75 = 17,75
Moyenne 18,57
Il y a un an et deux ans, le prix s'élevait de 22,50 à 24. Le Cardiff s'est maintenu à ce même prix. Si nous ajoutons 1,50 par tonne pour transport à l'usine, nous arrivons au prix moyen pour toutes les provenances et pour une période de quatre ans, à 22 fr.

(2) Le nombre des ouvriers varie suivant le numéro des filés, les gros numéros exigent plus de levées, plus de préparations, etc ; les continus également veulent plus d'ouvriers que les self-actings. Nous avons cru devoir prendre un terme moyen, entre 68/72. En un mot, nous avons en vue une filature où l'on ne fait que des bobines et où l'on ne dévide pas.

Report. . .	13 fr. 25	
Ouvrière de laminoir. . .	1 50	
	14 fr. 75	
Moyenne. . .	2 46 × 7 =	17 fr. 22
En plus : directeur, chauffeurs, mécaniciens, batteurs, contre-maîtres, etc.		6 13
		23 fr. 35

Soit, pour 10,000 broches, 233 fr. 50 c. de salaire quotidien, ou 70,050 fr. pour les 300 jours ouvrables de l'année.

Il résulte donc de là, que le salaire annuel acquitté par les filatures de la Seine-Inférieure et de l'Eure ressortirait à 13,457,425 fr. On peut dire, sans crainte d'exagération, qu'il n'est pas inférieur à quatorze millions et demi.

En prenant pour base le chiffre de 70 pour 10,000 broches, le nombre des ouvriers employés directement dans les ateliers de la filature ressortirait à 13,447, soit, en nombre rond, 14,000 pour cette spécialité dans les deux départements. En réalité, le nombre des ouvriers doit être porté, d'après les recensements, à 16,000 ou 17,000, la base de 70 par 10,000 broches n'étant applicable qu'à une organisation toute récente, et la somme proportionnelle des salaires doit être de 17,000,000, ou même de 18,000,000 de francs.

Consommation de matières premières. — La quantité de coton en laine consommée dans le centre rouennais varie selon les circonstances et la provenance. Avant le traité de commerce, on évaluait aux deux tiers du poids la production en filés fins, se composant de chaîne 24-26 et de tissure n° 30, et le surplus ou le tiers en n^{os} de 4 à 24. Depuis le traité de commerce, la concurrence étrangère portant particulièrement sur les numéros fins, l'industrie a dû incliner naturellement vers les gros numéros. D'un autre côté, la guerre d'Amérique nous ayant privés des belles courtes-soies que nous fournissait la Louisiane, on a dû se rejeter forcément sur les cotons de l'Inde. Ceux-ci, en raison de leur qualité inférieure, se prêtent plus facilement à la filature en gros qu'à la filature en fin. De ces deux causes réunies, il résulte que l'on peut admettre qu'aujourd'hui la moitié des broches file des n°s 24-26 pour chaîne et n° 30 pour tissure, et l'autre moitié file des bas numéros; peut-être même une plus forte part serait-elle de ce côté.

On pourrait donc établir la production dans la proportion suivante :

— 921,117 broches filant toute l'année des n°s 24-26 et 30, à raison d'une production de 20 kil. par broche. . . . . 18,422,340 kil.

—1,000,000 broches filant des n^{os} de 4 à 24, en moyenne 32 kil. 32,000,000

50,422,340 kil.

Si, à ce total, nous ajoutons 10 0/0, représentant le déchet inutilisable, nous aurons. 5,042,234

55,464,574 kil.

Le total de la consommation de coton en laine, dans la Seine-Inférieure et l'Eure, peut donc varier de 55 à 56 millions de kilogrammes.

En temps normal, le coton en laine vaut environ 2 fr. le

kil. A ce prix, la consommation, dans la circonscription de Rouen, s'élèverait à 110 ou 112,000,000 fr.

Dans ces conditions, le cours du coton filé ressort ordinairement à 3 fr. le kil., soit environ à 152,000,000 fr.

Mais depuis longtemps les cours se maintiennent à un taux excessif, et aujourd'hui le New-Orleans vaut les 100 kil. (mai 1869). . . . . 296 fr.

Et les bonnes qualités de l'Inde. 244

La moyenne ressort donc à. . . . . 270 fr.

Alors il faut porter le total des achats de coton en laine, en supposant toutes les filatures en activité, à 148,500,000 francs. Mais l'intérêt du capital engagé et la perte proportionnelle du déchet, si l'on veut arriver à une rémunération à peu près entière de tous les frais qui incombent au filateur, exigent un chiffre de façon supérieur; nous supposerons alors le cours moyen de 4 fr. pour le filé et la production ressortira à. . . . . 202,000,000 fr.

Telle est l'importance du capital engagé dans notre filature et le contingent qu'elle fournit dans l'œuvre de la production générale.

Avant d'aller plus loin, établissons immédiatement, pour mémoire, quelques chiffres comparatifs, desquels nous ferons sortir nos conclusions à la fin de ce travail.

Les frais généraux de la filature reposent principalement :

— Sur l'amortissement et l'intérêt du capital matériel ;

— Sur le coût de la force motrice,

— Et sur le prix de la main-d'œuvre.

Frais généraux comparatifs. — Nous avons établi que le prix de revient d'une broche : achat du terrain, construction des bâtiments, moteur et machines, était en France de 50 fr.

En Angleterre, ces diverses dépenses, moins le terrain qui ne peut être pris qu'à fief, s'élèvent à 25 fr. Afin de trouver l'équivalent, nous ajouterons, pour 10,000 broches, le prix de 1 hectare de terrain acheté dans la partie suburbaine de Rouen, c'est-à-dire 15,000 fr., soit par broche 1 fr. 50, et nous aurons, pour la broche anglaise 26 50

Ce qui constitue, par rapport à nous, une différence de 23 50

ou, pour la création d'un établissement de cette importance, un écart de 235,000 fr. au profit du manufacturier anglais. En d'autres termes, si l'on calcule l'intérêt du capital engagé à 5 0/0 et l'amortissement à 5 0/0, le filateur français aura à fournir une rente annuelle de. . . . . 50,000 fr.

Tandis que son concurrent anglais n'aura que 26,500

Soit une différence en sa faveur de. . . . . 23,500 fr.

Nous avons dit que les chutes d'eau étaient louées en raison de la force produite, comparée au cheval-vapeur, et revenaient au même prix. Une filature de 10,000 broches, brûlant annuellement 800 tonnes de charbon, au prix de 22 fr. la tonne, nous avons une dépense qui s'élève à . . . . 17,600 fr.

Ce même charbon, en Angleterre, vaut 8 fr., et sous

vergue 10 fr. (1). En admettant que le prix du charbon mis à bord soit l'équivalent de celui que le manufacturier anglais reçoit à pied d'usine, nous aurons pour la dépense annuelle . . . . 8,000 fr.

Soit une différence de. . . . . 9,600 fr.

à son avantage.

En Suisse, le grand nombre et la puissance des chutes d'eau dispense de l'installation de moteurs à vapeur.

Si le bas prix de la main-d'œuvre et le bon marché des matériaux, pour la construction des bâtiments, offrent de précieux avantages au manufacturier, le prix de la broche néanmoins est indiqué comme ressortant au même prix qu'en France. Admettons cette indication.

Dans le canton de Zurich et le reste de la Suisse, on ne consomme que du charbon de première qualité, non comme générateur de la force motrice, mais pour la production de la vapeur nécessaire à certaines opérations, et son prix est de 32 fr. la tonne. Le loyer des forces hydrauliques est généralement évalué au quart du prix du charbon et peut être estimé dans la proportion de ce combustible compté à 8 fr. Dans ces conditions, la dépense annuelle ressortirait à . . . . 6,400 fr.

Soit une différence de . . . . 11,200 fr.

(1) Les charbons anglais expédiés au port de Rouen, viennent de :

	tout venant :		menu :
Newcastle,	10,60	—	5,60
Sunderland,	— 9,48	—	5,60
Goole,	— 10,60	—	6,25
Warworth,	— 9,40	—	5,60
Hartlepool,	— 9,40	—	5,60
Hull,	— 10,60	—	6,25
Midlesbro,	— 7,40	—	5,60
Llanelly, etc.,	— 10,60	—	5,60
Moyenne. . .	10,01	Moyenne.	4,61

Passons à la comparaison des salaires.

L'ouvrier fileur gagne, dans la circonscription de Rouen, au minimum 4 fr. 50 c. par jour. Depuis dix ans, la main-d'œuvre tend constamment à monter, elle a augmenté de 20 0/0. En Suisse, elle a peu varié; l'ouvrier fileur est payé de 3 fr. 25 à 3 fr. 50, ce qui donne une moyenne de 3 fr. 375. Mais comme la journée est de treize heures, au lieu d'une durée de douze que la loi nous impose en France, le prix comparatif fait donc ressortir le salaire de nos fileurs à 4 fr. 875, avec une différence de 1 fr. 50 en plus ou 30 1/2 0/0. Or, nous avons calculé que la main-d'œuvre d'une année, pour un établissement de 10,000 broches, s'élevait à. . . . . 70,050 fr.

La différence sera, par année, en faveur du filateur suisse, de . . . . 21,555 fr.

Conséquemment, une filature de 10,000 broches, installée en Suisse, aura, sur ses frais généraux, comparés à ceux d'un établissement de même importance et situé dans la circonscription de Rouen, une différence de :

— Sur le coût de la force motrice	11,200 fr.
— Sur les frais de main-d'œuvre	21,555
	32,755 fr.

Ces mêmes dépenses en Normandie s'élevant au total de 87,650 fr., cette différence équivaut donc à 37,3 0/0 et à 23,8 0/0 pour l'ensemble des frais généraux au profit du manufacturier suisse.

Si nous établissons le même parallèle avec la filature anglaise, nous trouvons :

— Du chef des constructions et machines. .	23,500 fr.
— Du combustible	9,600
	33,100 fr.

Ces mêmes dépenses en Normandie, s'élevant à 67,600 fr., la différence, au profit du manufacturier anglais, est donc de 49,2 0/0 sur ces deux opérations, et de 23,9 0/0 sur l'ensemble des frais généraux (1).

Nous ne faisons pas mention de la main-d'œuvre, par rapport à l'Angleterre; les salaires de nos pays ont fait un pas considérable, et les quinzaines arrivent au niveau de celles payées chez nos voisins. Certaines fonctions sont même mieux rétribuées en Normandie qu'en Angleterre. Autrement dit, le chiffre de la production, mis en regard de la somme des salaires, donne un résultat à peu près semblable dans l'un et l'autre pays.

(1) Nous avons cru devoir indiquer ces deux rapports, afin qu'il soit possible d'apprécier les causes qui déterminent la prépondérance de l'importation dans certains cas. C'est ainsi que tel genre arrivera en plus grande abondance sur le marché, parce qu'il exige plus de main-d'œuvre, et que tel autre, au contraire, sera offert à un bas prix relatif, parce que sa fabrication exige une grande dépense de force, ou parce qu'il nécessite de nombreux appareils mécaniques, etc.

TISSAGE ÉCRU.

Les tissages mécaniques destinés à la fabrication des calicots se répartissent ainsi dans les deux départements de la Seine-Inférieure et de l'Eure :

1859 (1er janvier).				Métiers.
Seine-Inférieure,	46	établissements,	représentant	9,780
Eure.	27	—	—	2,761
Ajoutons :				12,541
Seine-Inférieure,	2	étab. bretelles et tissus caoutc.		447
Eure.	2	— fabricants de rubans . .		480
				13,468

1869.				Métiers.
Seine-Inférieure,	57	établissements,	représentant	12,767
Eure.	27	—	—	3,071
Plus :				15,838
Seine-Inférieure,	3	—	bretelles. . .	902
Eure.	2	—	rubans. . .	190
	89			16,930

(Voir les tableaux VII, VIII, IX, X, XI, XII.)

A reporter. . . 16,930

Report. . .	16,930
A ce total, si nous ajoutons les métiers mécaniques de la Basse-Normandie, qui sont au nombre de (Tableau x bis).	550
Nous aurons un total de.	17,480

Nous ne compterons les deux spécialités des bretelles et rubans de coton que pour mémoire, et nous constatons :

	Métiers.
1859.	12,541
1869.	15,838
Augmentation.	3,297

Construction. — La prédominance de la fabrication des tissus lourds dans notre région a déterminé une construction plus massive dans les métiers à tisser. Un tissage de 200 métiers coûte à établir aujourd'hui, pour l'achat du terrain, la construction des bâtiments et la force motrice, 1,300 fr., soit pour un tissage de 200 métiers, 260,000 fr.

Les 15,838 métiers à calicot, répartis dans la Seine-Inférieure et l'Eure, si on était obligé de les installer aujourd'hui, nécessiteraient une dépense de. . . 20,589,400 fr.

Force motrice. — Pour faire mouvoir un tissage de 200 métiers, produisant des calicots lourds dans le genre de ceux qui font l'objet de la fabrication rouennaise, il faut une machine de 35 chevaux. L'industrie du tissage utilise donc une force totale d'environ. . . . . 2,771 chevaux.

En y ajoutant les moteurs employés par les fabriques de bretelles et de rubans, il nous est permis d'affirmer que le chiffre n'est pas inférieur à. . . . . . . 2,900 chevaux.

Consommation du charbon. — La dépense en charbon, en y comprenant le chauffage des ateliers, le parage et quelques autres préparations, pour 200 métiers, ne s'élève pas à moins de 500 tonnes par an, au prix de 22 fr. = 11,000 fr., soit 2,500 kil. par métier.

L'industrie du tissage de nos deux départements consomme donc environ (1) 48,000 tonnes, que nous calculerons toujours au prix de 22 fr. la tonne. . 1,056,000 fr.

Main-d'œuvre. — De même que dans toutes les autres branches industrielles de la circonscription, les salaires du tissage ont subi, depuis dix ans, une augmentation d'environ 20 0/0.

Un tisserand gagne par jour.	3 fr. 25
Une tisserande.	2 25
Moyenne.	2 fr. 75

Le nombre des ouvriers employés dans un établissement de 200 métiers est environ de. 175

Les frais journaliers de main-d'œuvre s'élèvent, y compris le directeur et les employés, à. . . . . . . 510 fr.

et pour l'année, à. 153,000

Si nous appliquons le même calcul aux 15,838 métiers de la Seine-Inférieure et de l'Eure, nous aurons, en ouvriers. 16,483

Si nous y joignons les deux autres spécialités, nous avons au moins. 17,000

et pour l'année, en total de salaires. . . . 14,025,000 fr.

en y comprenant les deux autres spécialités 15,500,000 fr.

(1) Un dixième environ de la force totale est produite par des moteurs à eau.

Consommation et production.—Il y a dix ans, un métier mécanique produisait, en moyenne, 9,000 mètres de tissus par an, avec un mouvement de navette de 120 coups à la minute. Par suite de perfectionnements successifs, on est parvenu à accélerer la vitesse de 25 à 30 0/0, et aujourd'hui la moyenne dépasse 150 coups. Le rendement ressort donc de. . . . . 11,000 à 11,500 mètres.

Pour 200 métiers. . . . . 2,300,000 —

Pour tous les tissages en écru dans la Seine-Inférieure et l'Eure. . . . . 182,137,000 mètres.

Et avec les deux autres spécialités mécaniques. . . . . 190,000,000 —

Ce qui correspond à. . . . . 1,900,000 pièces de 100 mètres.

La fabrication portant sur des tissus pesant, en majorité, les 100 mètres, de 8 kil. 600 à 20 kil., la moyenne ressort à 14 kil. 300. Sur cette base, les 1,900,000 pièces représentent. . . . . 27,170,000 kil.

Le prix de façon d'un kilogramme de calicot compte 30, étant évalué de . . . . 80 à 90 c.

et des gros tissus de. . . . . 50 à 60

La moyenne est de. . . . . 0 fr. 75 c.

En temps normal, le tissu ressort donc à 3 fr. 75 le kil. et la fabrication totale à. . . . . 101,887,500 fr.

La part du tissage dans l'œuvre générale de l'industrie cotonnière, abstraction faite du filé, sa matière première s'élèverait à. . . . . 20,377,500 fr.

Frais généraux comparatifs. — Nous avons dit que l'installation d'un tissage de 200 métiers coûtait, bâtiments, moteurs et machines, le métier, 1,300 fr. . 260,000 fr.

En Angleterre, le prix, calculé sur le rapport avec la filature, est de 650 fr., moins le terrain ; si nous y ajoutons le prix d'un hectare dans le voisinage de Rouen, à raison de 15,000 fr., nous aurons 75 fr. = 725 fr. . 145,000

Différence. . . . . 115,000 fr.

La charge annuelle pour le capital, au taux de 5 0/0 d'amortissement, plus 5 0/0 pour l'intérêt, donne une économie de. . . . . 11,500 fr.

500 tonnes de charbon coûtent, à Rouen. . 11,000 fr.

En Angleterre. 5,000

Différence. . . . 6,000 fr.

Les prix de main-d'œuvre se balancent.

D'où il résulte, sur les frais d'installation, au profit des tisseurs anglais. . . . . 11,500 fr.

Sur le combustible. 6,000

Différence. . . . . 17,500 fr.

Indépendamment des avantages acquis sur le filé, la matière première, et d'avoir un capital moindre engagé, tant pour l'approvisionnement du filé que pour le stock en marchandise fabriquée.

En Suisse, le métier semblable à celui en usage à Rouen, revient au même prix.

La force motrice, calculée sur la base du charbon à 8 fr., coûte . . . . 4,000 fr.

Différence. . . . . 7,000 fr.

Les tisserands gagnent en moyenne. . . . . . 2 fr. 75
Les tisserandes. 1 60

Moyenne. . . . . 2 fr. 17

Mais la durée du travail étant de treize heures, elle correspond donc chez nous à une journée de. 2 fr. 98

Différence. . . . . 0 fr. 81

Et pour une année. . . . . 42,525 fr.

Il résulte donc de ces chiffres qu'un tissage de 200 métiers, fonctionnant dans la circonscription de Rouen et comparé avec un autre de même importance, installé dans le comté de Lancastre, aura à sa charge :

Sur le capital engagé dans le matériel . . . 11,500 fr.
Sur le combustible 6,000

17,500 fr.

En laissant de côté la main-d'œuvre, cette différence, qui porte sur un total de frais de 37,000 fr., équivaut à 47,2 0/0, et sur l'ensemble des frais généraux, à 9,2 0/0.

Si la comparaison est établie sur la même entreprise fonctionnant en Suisse, nous avons :

Sur le coût de la force motrice. . . . . . . 7,000 fr.
Sur le prix de la main-d'œuvre. 42,525

49,525 fr.

Les conditions d'installation se balançant, la différence ressort à 30,2 0/0 par rapport aux mêmes frais dans les tissages de Normandie, et sur l'ensemble des frais généraux, à 26 0/0.

INDIENNES.

Jusqu'ici notre examen a porté sur des industries dont les installations et les outillages sont soumis à des conditions à peu près identiques. La fabrication des indiennes ou toiles peintes diffère essentiellement sous tous les rapports de la filature et du tissage ; désormais, plus de production régulière, constante. Chaque établissement a son type préféré : tel aura des genres d'une exécution simple, rapide, tel autre produira des articles d'une exécution compliquée, réclamant une nombreuse succession de mains-d'œuvre ; de là naturellement des constructions et un matériel variant selon les nécessités de chaque entreprise. Cependant nous pouvons dire, qu'à importance égale, nos concurrents suisses conservent leurs mêmes avantages sous le rapport du travail manuel et des moteurs, de même que nous retrouvons les manufacturiers anglais munis de leur combustible abondant avec la puissance d'action qui en découle.

On compte dans la Seine-Inférieure et l'Eure :

1859		TABLES.	MACHINES ROULEAUX couleurs 1	2	3	4	PERROTINES. couleurs 1	2	3	4
SEINE-INFÉRIEURE.										
Fabricants	32	1,063	13	6	17	21	8	8	41	»
Imprimeur de lainage . . .	1	107	»	»	»	»	»	»	»	4
EURE.										
Fabricants	2	30	3	1	2	1	1	»	»	»
TOTAL.	35	1,200	16	7	19	22	9	8	41	4

1869		TABLES.	MACHINES ROULEAUX. couleurs. 1	2	3	4	5	PERROTINES. couleurs 1	2	3	4
SEINE-INFÉRIEURE.											
Fabricants	20	463	8	2	13	19	1	8	5	24	1
Imprimeurs de lainages .	3	114	2	2	»	»	»	»	»	»	3
EURE.											
Fabricant.	1	25	2	1	1	1	»	»	»	»	»
TOTAL.	24	602	12	5	14	20	1	8	5	24	4

(Voir les tableaux XIII, XIV, XV, XVI, XVII, XVIII, XIX et XX.)

Pendant cette période, la circonscription a perdu 13 fabriques d'indiennes et 2 ont été converties en impression sur lainage ; en total, 15.

Parmi les établissements qui ont liquidé et dont le matériel est dispersé, plusieurs étaient d'une importance notable :

MM. Barbet fabriquait annuellement. .	40,000 pièces.
Fauquet (Ernest)	20,000
Lamy et Pertuzon.	20,000
Pimont (Jules)	25,000
Dechancé	85,000
	190,000 pièces.

En y comprenant les autres fabriques de moindre importance, on trouve une production s'élevant à environ (voir tableau xx). . . . . 250,000 pièces.

Une portion de cette fabrication s'est répartie sur les établissements restés en activité; cependant on ne peut pas évaluer à moins de 150 à 180,000 pièces la diminution de la production générale.

Construction. — Par les motifs que nous venons d'exposer, il est fort difficile d'assigner un chiffre rigoureux à l'installation et à l'outillage d'une fabrique d'indiennes. Néanmoins nous indiquerons approximativement à combien ressortirait la création des établissements existant actuellement dans nos deux départements.

Nous les considérons comme pouvant se diviser en trois catégories : la première comprenant cinq établissements (1) dont l'installation à créer aujourd'hui ne coûterait pas moins de (voir tableau xv) :

(1) 1re catégorie : MM. Besselièvre fils, Daliphard, Girard et Ce, Keittinger et fils, Lemaître-Lavotte.

2e catégorie : MM. Adenat et Masquelier, N. Hazard, H. Rondeaux.

3e catégorie : MM. Cordier, Huet et Benner, Lacassaigne, Lemaignant, Rhem, Stackler et Pimont, Tassel.

4e catégorie : MM. Edeline, Henry, Lamy-Godard, Long.

En France (bâtiments et outillage) . .	2,000,000 fr.
En Angleterre, 25 0/0 en moins . . .	1,500,000
Différence. . . .	500,000 fr.
Intérêt et amortissement, 10 0/0 . . .	50,000 fr.

1,500 rouleaux cuivre rouge axés en fer :

En France (1).	742,500 fr.
En Angleterre	600,000
Différence. . . .	142,500 fr.
Intérêt et amortissement, 10 0/0	14,250 fr.

La deuxième catégorie, comprenant trois établissements :

En France (bâtiments et outillage). . .	1,500,000 fr.
En Angleterre	1,125,000
Différence. . . .	375,000 fr.
Intérêt et amortissement, 10 0/0 . . .	37,500 fr.

(1) Voici le prix actuel des rouleaux :

		Manchester.	Rouen.
Cuivre, 120 kilog. à	2,60 =	312 fr. »	3 fr 20=384
Axes en fer, 100 kilog. à	0,875 =	87 50	1 10=110
		399 fr. 50=400	494=495

L'indiennerie de Rouen se sert, en partie, de rouleaux en cuivre laiton, dont la qualité, à l'usage, est bien inférieure à celle en cuivre rouge; mais le prix en est moins élevé. En Angleterre, on emploie exclusivement le cuivre rouge; nous avons dû, pour nos calculs, supposer les cylindres de notre pays comme étant identiques à ceux en usage en Angleterre.

1,000 cylindres :

En France	495,000 fr.
En Angleterre.	400,000
Différence. . . .	95,000 fr.
Intérêt et amortissement.	9,500 fr.

La troisième catégorie, composée de sept établissements :

En France (bâtiments et outillage). . .	1,200,000 fr.
En Angleterre.	900,000
Différence. . . .	300,000 fr.
Intérêt et amortissement.	30,000 fr.

800 cylindres :

En France.	396,000 fr.
En Angleterre.	320,000
Différence. . . .	76,000 fr.
Intérêt et amortissement.	7,600 fr.

La quatrième catégorie comprend cinq établissements :

En France (bâtiments et outillage). . .	600,000 fr.
En Angleterre.	450,000
Différence. . . .	150,000 fr.
Amortissement et intérêts	15,000 fr.

300 cylindres :

En France.	148,500 fr.
En Angleterre.	120,000
Différence. . . .	28,500 fr.
Intérêt et amortissement.	2,850 fr.

L'installation des vingt fabriques d'indiennes de la circonscription représente donc un capital de. . 34,612,000 fr.

Et en y comprenant les trois fabriques imprimant des lainages. 38,000,000

Force motrice et consommation de charbon. — Cette spécialité est relativement le plus fort consommateur de houille. Elle lui est nécessaire, non-seulement pour sa force motrice, mais surtout pour les lessivages, la préparation des couleurs et leur fixage, pour le chauffage des bains de teinture, etc. Voici quel est le total de cette consommation :

1re Catégorie, force motrice	50 chev.	
En plus, générateurs	300	
Cinq établissements.	350 chev.	= 1,750 chev.
2e Catégorie, force motrice .	40 chev.	
En plus, générateurs. . . .	260	
Trois établissements	300 chev.	= 900
3e Catégorie, force motrice .	30 chev.	
En plus, générateurs. . . .	220	
Sept établissements.	250 chev.	= 1,750
4e Catégorie, force motrice .	15 chev.	
En plus, générateurs	100	
Cinq établissements.	115 chev.	= 575
		4,975 chev.

En raison de la nature du travail, le cheval doit être cal-

culé à 3 kilog. par heure, soit 10,800 kilog. par cheval et par année, et pour l'ensemble . . . . 53,730 tonn.
au prix de 22 fr. . . . . 1,182,060 fr.

Main-d'œuvre. — Le nombre d'ouvriers employés dans l'impression est excessivement variable, suivant le genre de fabrication particulier à chaque établissement. Les fonctions régulières sont celles-ci : — une table d'impression occupe deux ouvriers : un imprimeur et un tireur. — Un rouleau est servi par six à huit ouvriers. — Une perrotine par deux à trois ouvriers. — Les graveurs, préparateurs de couleurs, blanchisseurs et surtout les manœuvres sont en nombre illimité.

Cependant on peut admettre les chiffres suivants :

1re Catégorie,	350	ouvriers	× 5	=	1,750
2e	—	300	—	× 3 =	900
3e	—	250	—	× 7 =	1,750
4e	—	150	—	× 5 =	750
					5,150

L'imprimeur à la main gagne par jour . . .	5 fr.	»
La rentreuse	3	»
Les manœuvres gagnent, selon les postes, de 2 fr. 50 à 3 fr.	2	75

Nous ne ferons pas mention des employés spéciaux qui sont rétribués selon l'importance de leurs fonctions :

Un chimiste de 6,000 fr. par an, à . . . . 15.000 fr. et au delà.

Un dessinateur de 4,000 à. 12,000

En prenant la moyenne de ces différents salaires, on arrive au chiffre de 1,300 fr. (1) par tête et par an.

La somme totale pour toute l'industrie de l'indienne ressortirait donc à. . . . . 6,695,000 fr.

Consommation et production. — L'indienne est un produit qui se compose : 1° d'un calicot, la principale matière première, et 2° d'une infinité de produits chimiques et de substances tinctoriales (2) fixés à l'aide de procédés et de combinaisons innombrables.

(1) Dans les établissements où il y a beaucoup de tables d'impression et, par suite, un grand nombre d'enfants ou tireurs, cette moyenne doit être diminuée ; mais là où il y a peu ou pas de tables, la moyenne doit ressortir au moins à 1,400, d'autant plus que les premiers emplois sont mieux rétribués.

(2) Au nombre des matières colorantes, on doit compter surtout la garance ; la consommation annuelle est estimée à peu près ainsi :

A Rouen et sa banlieue, de 1860 à 1863, la consommation annuelle des produits des racines de garance pouvait s'évaluer environ à :

1/ 800 barriques de garance.

2/ 1,200 barriques de garancine, au poids moyen alors de la barrique 550 kilog.

3/ 200 barriques de fleur, de 600 kilog. l'une.

4/ 100 barriques alizarine, bastetine et autres produits similaires, de 550 kilog. l'une.

La garancine et les alizarines étant un multiple, par leur fabrication de la garance en poudre, et qui représentent trois fois dans l'ensemble la force de cette dernière, de même que la fleur doit être comptée pour deux fois comme force tinctoriale de la poudre de garance, il y a lieu de décomposer ainsi le poids des divers produits ci-dessus à l'état de garance.

Prenant pour base une barrique de garance, dont le poids ordinaire est de 1,000 kilog. environ, on trouve :

1°/	pour	800	barriques	garance	800,000 poudre.
2°/	—	1,200	—	garancine de 550 kil.	1,980,000 —
3°/	—	200	—	fleur de 600 kilog. .	240,000 —
4°/	—	100	—	alizarines de 550 kilog.	165,000 —
				Ensemble . . . . kilog.	3,185,000 poudre.

Cette spécialité consomme annuellement environ (voir tableau xv) 837,000 pièces de calicot, d'une longueur de 100 mètres, dont le prix normal peut être évalué en moyenne à 45 centimes le mètre (1), soit au total. 37,665,000 fr.

Et pour les matières tinctoriales, 15 fr. par pièce 12,555,000

50,220,000 fr.

Les opérations de l'impression et de la teinture, en enlevages, fond blanc, garancines, meubles rentrés et non rentrés, cravates et autres impressions à la main, ressortent environ à 25 fr. les 100 mètres, tout compris. Le total de la production est donc de . . . . 58,590,000 fr. et la part de cette spécialité, dans l'œuvre de l'industrie, de . . . . 20,925,000 fr.

---

ou l'équivalent de 3,185 barriques garance avant que l'on ne connût l'emploi des dérivés de la poudre de garance dans nos diverses industries.

Maintenant, si on veut trouver aussi le poids total des racines servant à produire ces 3,185,000 kilog. de poudre, il faut admettre que, en moyenne, la dessiccation à l'étuve et l'épuration font un déchet de 20 0/0 sur la matière première, et que, par conséquent, pour livrer au commerce 3.185.000 kilog. de poudre, ou ses dérivés, il faut avoir 3.980.000 kilog. de racines de toutes provenances, car il est bon de ne pas oublier que, pour obtenir les fortes qualités de garancine, on n'y parvient qu'à l'aide d'une forte addition de racines de Naples.

(*Note de* M. Hue.)

(1) Nous admettons le Cte 30 et Cte 28 moyenne 35 — longottes et crétonnes. . 58 — calicot d'Alsace, 65-68-70 etc., et 4/4 et 5/4. . . 42 } moyenne 45

— — aux poids de Cte 30 et 28 8 k — — longottes et crétonnes . 16 — — Alsace . . . . 10 } moyenne 11 k. 33

Frais généraux comparatifs. — De même que pour les autres branches industrielles que nous avons étudiées, le prix de la main-d'œuvre s'est élevé d'environ 20 0/0 depuis dix ans, et il est arrivé au niveau de ceux pratiqués en Angleterre.

Les avantages qui découlent de l'abondance et de l'excellence des combustibles sont aussi marqués que pour les autres spécialités : force motrice, production de vapeur, achat de métaux, outillage, etc., réservent une puissance d'action particulière aux fabricants anglais.

Si nous prenons pour terme de comparaison une fabrique de second ordre, imprimant 35,000 pièces de 100 mètres par an, nous voyons que les différences en faveur du manufacturier anglais sont :

Sur l'installation	37,500 fr.
Sur les cylindres.	9,500
Sur le combustible	38,880
	85,880 fr.

Ajoutons encore que la plupart des produits chimiques coûte, en moyenne, 25 0/0 moins cher en Angleterre qu'en France. (Voir tableau XVII.)

Ce qui, sur ce genre de consommation d'environ 400,000 fr., représente encore une différence de	100,000 fr.
Nous avons au total.	185,880 fr.

L'œuvre spéciale de l'impression de 35,000 pièces s'élevant à 875,000 fr., l'avantage du manufacturier anglais correspond donc 21,2 0/0, et sur le chiffre total des opérations, qui s'élève à 2,450,000, à 7,5 0/0.

En Suisse, les prix de l'installation et l'achat des cylindres ne diffèrent pas des nôtres. Le charbon coûte 32 fr. ; mais il faut en déduire le chiffre de la force motrice qui, dans l'exemple que nous avons choisi, s'établit ainsi :

40 chevaux-moteurs sur la base du charbon à 8 fr. . . .	432 tonn.	3,456 fr.
260 chevaux-vapeur à 32 fr.	2,808 —	89,856
	.	93,312 fr.
En France		71,280
	Différence. . . .	22,032 fr.

L'imprimeur à la main gagne de 2 à 2 fr. 50 . .	2,25
La rentreuse de 1 à 1 fr. 20.	1,10
Le manœuvre.	2 »
Moyenne. . . .	1,78

En Normandie, imprimeur.	5 »
Rentreuse.	3 »
Manœuvre.	2,75
Moyenne. . . .	3,58
Différence. . . .	1,80

Un peu plus de 50 0/0.

Selon les chiffres que nous avons établis (pages 33 et 34), le total d'une année étant de . . . . 390,000 fr.

A 50 0/0 la différence sera de.	195,000
En déduisant, pour le combustible. . . .	22,032
Reste. . . .	172,968

sur un chiffre de 875,000 fr., ce qui correspond à 19,7 0/0, et sur le total de la production, à 7 0/0.

Nous ne faisons pas mention des produits chimiques, n'étant pas suffisamment renseignés. Cependant, nous pouvons affirmer que les négociants de Bâle expédient à Rouen une certaine quantité de produits, ce qui démontre une marge sensible entre leurs prix et les nôtres.

DOUBLURES.

A l'industrie de l'indienne, nous devons rattacher la spécialité des doublures, en raison de sa principale matière première, le calicot, que lui fournissent également les tissages de la Normandie et de l'Alsace, et de la teinture et de l'impression qui rapprochent cette spécialité de la toile peinte.

Elle comprend dix maisons (voir tableau XVI) dont le total des opérations s'élève à. . . . . 10,000,000 fr.

La pièce valant, en moyenne, environ 33 fr., le chiffre de pièces de 100 mètres peut être porté à. 300,000 pièces.

La façon des teintures, s'élevant à 10 fr. par pièce = ... 3,000,000

Les tissus à 23 fr. et une fraction. 7,000,000

10,000,000

ROUENNERIES.

On appelle rouenneries les tissus tout coton, faits à l'aide d'une chaîne et d'une trame préalablement teintes. La majeure partie est fabriquée sur des métiers à bras qui sont répartis dans les campagnes du pays de Caux, dans la Picardie et l'Artois. Le travail se fait à façon, c'est-à-dire que le fabricant, ayant acheté le coton filé et l'ayant fait mettre en couleur par un *teinturier*, — autre producteur spécial, — livre à l'ouvrier tisserand les deux éléments du tissu : chaîne et trame, lequel confectionne l'étoffe moyennant un prix débattu. Un agent intermédiaire, appelé *Porteur-commissionnaire*, sert de courtier entre le fabricant et le tisserand. L'ouvrier est chez lui, dans son domicile; le métier sur lequel il tisse lui appartient, il partage les fonctions de son état avec sa femme et ses enfants qui bobinent la trame.

On compte dans la Seine-Inférieure :

	MÉTIERS.
1859.	
350 fabricants occupant dans le pays de Caux .	29,398
1869.	
322 fabricants occupant	22,670
28 en moins (voir tableaux XXI, XXII). En moins	6,728

La fabrique de Rouen occupe encore environ 4,000 métiers dans la Picardie et l'Artois qui fonctionnent toute l'année, c'est-à-dire produisant le double de ceux du Pays-de-Caux et représentant le travail de (1). . . 8,000 métiers,

ce qui nous permet de porter le total à. . 30,670 métiers.

Outillage. — L'opération la plus importante qui précède la mise en œuvre du tissu, est celle de la teinture du coton en fil. Ce travail se fait également à façon. Nous donnerons plus loin quelques renseignements sur cette spécialité. Cependant, disons-le de suite : le prix des teintures a été notablement augmenté dans ces dernières années ; les bleus indigo que l'on payait 0 fr. 80 c. le kil., valent aujourd'hui 1 fr. 40 c., et les autres teintes, où la garance joue le rôle principal, ont subi une augmentation de 20 à 30 0/0.

Le métier sur lequel se confectionne la rouennerie est généralement une machine de peu de valeur ; c'est la propriété de l'ouvrier. Neuf, il vaudrait une cinquantaine de francs, ce qui nécessiterait, pour les 30,670 métiers occupés par les fabricants rouennais, une dépense de 1,533,500 fr.

Le travail s'exécute à domicile ; quelquefois plusieurs tisserands se réunissent en atelier de quatre à cinq ; mais le plus grand nombre préfère être isolé et chez soi. Dans ces conditions, les fonctions du tissage exigent le concours de deux personnes : le tisserand et une femme ou un enfant pour dévider la trame. La fabrication de la rouennerie emploie donc directement environ 61,340 individus.

(1) Ajoutons pour la Basse-Normandie :

Flers	15,000	16,800 mét.
Falaise	1,800	
Total du tissage à bras fonctionnant dans notre région.		47,470 mét.

Main-d'œuvre. — Le prix de façon de la pièce est débattu ou directement entre le fabricant et l'ouvrier, ou entre le *porteur* et l'ouvrier ; il varie selon l'importance des besoins de la fabrique. Depuis dix ans la moyenne s'est accrue d'environ 20 0/0 ; elle ressort aujourd'hui au minimum de 3 fr. 50 c. le kil.

Le poids des pièces varie de 9 à 13 kil., et donne une moyenne de 11 kil.

Le métier fonctionne régulièrement pendant six mois de l'année, du 1er novembre au 1er mai ; les autres six mois sont, en majorité, consacrés aux travaux des champs.

La production est de 14 à 1,500 mètres par an et par métier, soit, en moyenne, 1,450 mètres, et la fabrication générale et annuelle de 44,471,500 mètres. Ce qui correspond, en pièces de 100 mètres, à 444,715 pièces. Au poids de 11 kil. pour 100 mètres, 4,891,865 kil. Au prix moyen de façon de 3 fr. 50 c., nous trouvons 17,121,527 fr., chiffre représentant la somme de salaires acquittée directement par cette spécialité.

Consommation et production. — Nous venons d'établir la production de cette branche industrielle au total annuel de 4,891,865 kil. Ce chiffre correspond à peu près à sa consommation de cotons filés, la teinture, le parement et les apprêts représentant, à peu de chose près, le déchet subi pendant le blanchîment et les autres manipulations, et comme les numéros élevés de Rouen dominent dans l'assortiment, il ne faut pas évaluer le kil. au-dessous du prix normal de 3 fr. 50 c. Conséquemment, la matière coton représente une valeur de 17,121,527 fr., et au prix actuel de 4 fr. 50 c. 22,013,392 fr., qui, confondue avec le prix de façon, celui de la teinture et quelques frais généraux, donne le chiffre moyen de 9 fr. le kil,, et pour le total 44,026,785 fr.

On estime que l'œuvre particulière à cette spécialité serait de 19,567,460 fr. (Tableau XL.)

Prix de façon comparatifs. — Il n'y a que la Suisse en Europe qui pratique sur une assez large échelle le tissage en couleur et à bras. Nous ne possédons pas de renseignements précis sur les conditions de cette spécialité dans cette contrée. Bien que chez nous l'association du travail agricole au travail manufacturier offre des garanties d'économie incontestables, il n'en reste pas moins au profit du producteur suisse tous les avantages que nous avons signalés et qui découlent de l'organisation politique et économique du pays. Toutefois la fabrication des tissus en couleur à la mécanique se développe de jour en jour en Suisse. Chez nous, on n'a rien modifié à l'ancien système qui permet de multiplier et de diversifier les combinaisons à l'infini ; précieuse ressource qui semble mieux en rapport avec les exigences du goût de notre pays.

En Angleterre, cette production s'exécute exclusivement à la mécanique. Il est inutile d'en faire valoir les avantages ; ils sont énormes. Si l'on veut tenir compte de toutes les difficultés de cette opération, des soins particuliers que réclame ce genre de tissu, c'est tout au plus si l'on arrive à une façon de 1,25 à 1,50 par kil.; il reste donc de 2 à 2,25, en faveur du procédé mécanique.

On pourra demander pourquoi l'on ne songe pas chez nous à généraliser la même organisation. Nous avons insisté tout à l'heure sur la facilité que procurait le tissage à bras dans la composition de l'assortiment ; c'est là le point capital : notre débouché est si peu de chose quand on le compare à celui de l'Angleterre, qu'il est pour ainsi dire impossible d'aborder cette fabrication en masse sur un petit nombre de dispositions. Du moins telle est l'opinion des intéressés. Néanmoins on ne peut se dissimuler qu'il y a quelque chose à faire. Dans l'état actuel, lorsque le mois de mai est arrivé, une masse de matières préparées ou en préparation reste accumulée jusqu'à l'époque de la remonte des métiers, entraînant un perte notable d'intérêts, et c'est le moindre inconvénient, car la détérioration que subissent ces marchandises est bien autrement préjudiciable. Peut-être devrait-on remplacer le tissage intermittant par le tissage permanent, tout en le maintenant au sein des campagnes. C'est une question à laquelle les hommes du métier peuvent seuls répondre. En tout cas, l'augmentation si sensible du prix de façon rend facile plus que jamais une organisation nouvelle de ce genre de travail.

Quant à la matière première, ou coton filé, et la teinture, la situation est la même que pour le tissage des calicots et la fabrication des indiennes.

TEINTURERIE ET APPRÊTS.[1]

Cette spécialité opère presque exclusivement à façon : elle prend le coton filé de la main du fabricant de rouenneries, ou le tissu de la part des marchands de doublures et des commissionnaires, les blanchit ou les met en couleur, moyennant un prix débattu.

Les mêmes vicissitudes qui ont éprouvé l'indienne et la rouennerie ont pesé sur cette branche industrielle si intéressante. De même que la rouennerie, on peut estimer qu'elle a, à peu près, perdu 20 0/0 de son importance.

Cependant, elle ne s'est pas abandonnée et elle n'a cessé de faire des efforts pour soutenir la lutte contre ses concurrents du dehors. A la teinture du coton, elle a joint celle de la laine et même de la soie, mais dans une proportion assez restreinte ; elle a pratiqué le chinage avec un succès complet ; enfin, point essentiel, le travail à la mécanique tend à s'y généraliser.

(1) Nous devons à l'obligeance de M. A. Delamare les notes qui nous ont permis d'entreprendre cette étude. Ces notes sont à notre dossier.

Le nombre des établissements compris dans la circonscription de Rouen, est de. 45
qui se décomposent ainsi :

Teinture rouge Andrinople et autres nuances garancées. 14
Bleu indigo et petit teint, chinage. 22
Blanchisseurs. 3
Teintures et apprêts des toiles de coton. 6
45

représentant un capital matériel qui s'élève à 3,595,000 fr. (Voir tableau XL.)

Force motrice et consommation du charbon. — La force motrice n'a, jusqu'à présent, qu'un rôle secondaire; les opérations du blanchîment, de la teinture et du fixage des couleurs absorbent la majeure partie du combustible, dont la quantité s'élève à. . . . . 22,000 tonnes.
au prix de 22 fr. . . . . 484,000 fr. (1).

Main-d'œuvre. — Le prix de la main-d'œuvre varie suivant les fonctions de l'ouvrier : les maneuvres gagnent de 2 fr. 25 à 2 fr. 75, et les postes spéciaux sont payés de 3 à 4 fr. Le nombre des ouvriers est d'environ. . 2,000
et leur salaire annuel s'élève à près de. . . . 2,000,000 fr.

Consommation et production. — Les matières premières que consomme la teinture sont excessivement variées, ce sont

(1) La nature des opérations nécessitent des charbons souvent d'un prix plus élevé; la position des établissements entraîne parfois aussi une élévation de prix; nous avons tenu compte de ces conditions, et nous avons ramené le tout à notre commune de 22 fr. 00/00.

principalement l'indigo et la garance, ou ses dérivés, qui représentent la plus forte part; en y joignant les campêches, les bois rouges, les cochenilles et les produits chimiques, on arrive à un total de près de. . . . . 6,000,000 fr.

Frais généraux comparatifs. — Sauf l'Angleterre, dont les salaires se nivellent avec ceux de notre pays, les autres pays : la Belgique, la Prusse, l'Autriche et la Suisse particulièrement, ont la main-d'œuvre à des conditions beaucoup plus avantageuses. Cette dernière a, en outre, l'avantage de posséder des eaux chimiquement pures, qui donnent des résultats bien supérieurs comme prix et comme perfection.

Quant aux produits chimiques et substances tinctoriales, le teinturier anglais a l'avantage de se les procurer à 25 0/0 de moins. (Voir tableau XVII.)

En résumé, notre teinturerie, en raison de la main-d'œuvre et des matières qui alimentent sa fabrication, en outre des charges publiques, rencontre des concurrents ayant sur elle un avantage de 20 à 25 0/0.

PRODUITS CHIMIQUES.

Notre circonscription possède quatre établissements pour la fabrication des acides pyroligneux, deux pour celle des produits à base de soude et un pour les chromates de potasse; nous ajouterons encore les distilleries.

Nous ne nous occuperons pas des premiers, leur existence n'étant pas en cause, quant à présent, dans la question des traités de commerce.

Les deux fabriques de produits à base de soude se trouvent dans la partie suburbaine de Rouen. Les produits qui sortent de ces établissements trouvent leur débouché dans l'indiennerie, la teinturerie, la verrerie, la savonnerie et dans la consommation ménagère.

C'est une des industries les plus capitales au point de vue des transports, car elle met en mouvement des masses de matières et de produits; transports dont l'importance s'accroît en raison de la distance. Aussi son chiffre commercial est-il relativement de peu d'importance, comparativement à celui des transactions auxquelles il donne naissance.

Construction. — Ces deux établissements réunis représentent un capital immobilisé qui n'est pas inférieur à. . . . . 3,000,000 fr.

Combustible.— La force motrice est un accessoire d'un rôle secondaire, si on la compare à la consommation de houilles pour les diverses opérations ; le total s'en élève à. . . . . 35,700 tonnes.

Main-d'œuvre. — Les travaux nécessitent l'emploi de 735 ouvriers, touchant un salaire, en moyenne, de 3 fr. 25 par journée de dix heures et de 1,300 fr. par année, soit au total. . . . . 955,500 fr.

Consommation des matières premières.— Les principales matières premières sont : les sels de mer et sels gemmes, les pyrites de Lyon, les soufres de la Méditerranée, les manganèses et les nitrates, sulfates, etc., formant un tonnage de. . . . . 65,717.

Production. — Les produits sont : les alcalis, les acides sulfuriques, nitriques, chlorhydriques et les chlorures, dont l'ensemble forme un total de. . . . . 22,000 tonnes.

Soit pour l'entrée et la sortie réunies. . 87,717 —

Le chiffre de la production s'élève à. . . 5,000,000 fr.

CHROMATES DE POTASSE. — Un seul établissement se livre à cette fabrication, il est situé au Havre. Le fondateur fut lui-même le créateur de ce genre d'industrie.

Construction. — L'installation de cette usine a coûté environ. . . . . 1,100,000 fr.

Combustible. — L'emploi du charbon pour la force motrice, qui est de 70 chevaux, et pour l'alimentation des fours à réverbères, s'élevait annuellement et en temps normal, à. . . . . 12,000 tonnes.

Comme la nature des travaux exige un combustible de choix et de qualité supérieure, son prix de revient, au Havre, est de 26 fr. . . . . 312,000 fr.

Main-d'œuvre. — Le nombre des ouvriers employés était ordinairement d'environ 150, au prix moyen de 3 fr. 80 c. par jour, soit pour l'année. . . . . 171,000 fr.

Consommation des matières premières. — Les matières premières employées à cette fabrication sont :

Chromite de fer.	2,500	tonnes.
Sulfate potasse.	800	—
Acide sulfurique.	890	—
Marne.	2,520	—
Chaux.	3,750	—
	10,460	tonnes.

représentant une valeur d'environ. . . . . 1,000,000 fr.

Production. — La production en chromate et bi-chromate de potasse, en 1860, s'élevait à 983,000 kil., au prix ancien de 2 fr. 30 c. = ... 2,260,900 fr.

Aujourd'hui, et depuis le traité anglo-français, la production est descendue à. . . . . 215,000 kil.
au prix de 1 fr. 20 = ... 258,000 fr.

Les difficultés de la concurrence pour ces deux industries, vis-à-vis de l'Angleterre, viennent particulièrement de l'écart de prix des charbons qui se trouve être dans la proportion, pour la fabrication des soudes, de. . 10 fr. à 22 fr. et pour les bi-chromates, de. . . . . 11 fr. à 26 fr.

La différence de fret sur les soufres, sels, chromites, sulfates et nitrates potasse, etc., a également une portée considérable. Et, enfin, les deux spécialités, dans leurs diverses opérations, font une consommation énorme de fers et de fontes pour la construction des fours et des tuyaux ; de ce côté, le fabricant anglais rencontre encore de notables avantages.

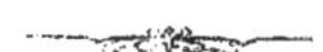

DISTILLERIES.

Nous devons rattacher cette spécialité, en raison de la nature de son travail, à l'industrie des produits chimiques.

Il n'existe que trois établissements de ce genre dans le département de la Seine-Inférieure, mais ils n'ont pas moins une importance considérable au point de vue des transports.

Construction.— Le capital immobilisé dans ces trois établissements s'élève à. . . . . 1,200,000 fr.

Combustible.— La consommation annuelle des houilles est de 12,000 tonnes, au prix de 22 fr. . . . . 264,000 fr.

Main-d'œuvre. — Le nombre des ouvriers employés est de 150, la moyenne des salaires s'élève à 525 fr. chaque jour, soit pour une année environ. . . . . . 200,000 fr.

Consommation des matières premières. — Les matières

premières employées sont les riz, les maïs et autres céréales, dont l'ensemble représente environ. . . . 22,000 tonnes d'une valeur de. . . . . 4,500,000 fr.

Production. — La production annuelle est de 65 à 70,000 hectolitres d'alcool, à 90 degrés. La valenr peut être évaluée, en moyenne, à. . . . . 5,000,000 fr.

Prix de revient comparatif.— Les deux éléments principaux de cette industrie sont les charbons et les céréales. Sous le rapport du combustible, nous retrouvons l'Angleterre avec son prix de 10 fr. contre 22 fr., soit une différence de 144,000 fr. A cet avantage, elle ajoute la faculté de se procurer les riz de l'Inde à un prix notablement inférieur, par suite de l'abondance de son fret vers cette contrée.

La Prusse également possède des charbons qui lui coûtent sensiblement moins cher que les nôtres. Mais son avantage le plus marqué lui vient de ce qu'elle utilise à sa distillerie des pommes de terre récoltées dans les sables de la vieille Prusse, terrains qui sont d'une très-faible valeur et qui ne conviennent à aucune autre culture. Il résulte de là que les alcools prussiens peuvent arriver en France au prix de 56 fr. l'hectolitre (droits acquittés de 13 fr. 50), tandis qu'il est impossible, même dans les années où les céréales sont au prix le plus bas, de fabriquer à Rouen au-dessous de 60 fr.

DÉDUCTIONS.

La statistique. — Nous en avons fini avec la revue analytique ; elle nous était indispensable avant d'essayer de faire ressortir l'action du nouveau régime économique et la portée de son influence sur les intérêts de notre pays. Il est une objection toutefois au-devant de laquelle nous voulons aller : la plupart des chiffres que nous venons d'établir ne sont que des résultats théoriques ; nous sommes loin de le contester. A moins de procéder à un inventaire minutieux, il eût été difficile de faire autrement, et encore le résultat d'aujourd'hui serait-il modifié demain. Nous n'ignorons pas que le *capital matériel* subit une dépréciation successive, en raison de sa durée ; que le système d'amortissement a dû amener, au fur et à mesure de la durée, un grand nombre d'établissements au niveau de la valeur des similaires qui existent en Angleterre ou en Suisse. C'est incontestable ; mais aussi, tandis que le manufacturier français amortissait ses frais d'installation, le concurrent étranger, de son côté, n'accumulait-il pas ses épargnes et ne constituait-il pas un capital actif qui développait ses moyens d'action? En d'autres termes, le premier végétait, tandis que l'autre grandissait et s'enrichissait.

Mais nos considérations doivent porter plus haut. La loi du progrès est absolue, irrésistible en industrie plus qu'en aucune autre branche de l'activité humaine ; il faut lui obéir sous peine de déchoir et de périr. Quel est le manufacturier digne de ce nom qui oserait affronter la lutte avec les moteurs ou machines ou générateurs qui suffisaient il y a vingt ans ? Nous croyons donc qu'en raison de cette loi de rénovation incessante, nous sommes dans le vrai en présentant nos établissements comme valeur *à neuf* ou comme étant en voie de transformation permanente.

Quoi qu'il en soit, il nous importait de déterminer le rang et le rôle de l'industrie cotonnière de la Seine-Inférieure et de l'Eure au milieu de cette œuvre immense presque sans limites et qui s'appelle la production.

Conséquemment retenons ces chiffres (tableau XL) :

Le capital matériel s'élève à	165,073,750 fr.
Le poids des matières consommées est de (avec la houille) 600,000 tonnes.	
La valeur s'en élève à	332,485,733
L'œuvre particulière ou façon de chacune des spécialités se monte ensemble à	135,210,860
Le total de la production à.	438,775,185
Le nombre des ouvriers employés directement est de.	103,500
La main-d'œuvre s'élève à.	60,505,527

Ces deux derniers chiffres ne donnent pas encore la mesure de la quantité d'individus qui participent d'une façon spéciale au travail de nos diverses branches industrielles et n'indiquent pas davantage la somme de leurs salaires. Il faudrait y ajouter une foule d'ouvriers occupés à domicile ou convoyant les matières premières et les produits : tels que rôtiers, navetiers, brossiers, cordiers, tonneliers, charretiers, tourneurs, graveurs, dessinateurs, plieurs, apprêteurs, indépendamment des fondeurs, des mécaniciens, des constructeurs de toute nature, etc., etc., dont le chiffre, additionné à celui que nous venons d'établir, forme un total d'au moins 160,000 individus ; ce qui porterait le salaire proportionnel à près de . . . . 95,000 fr.

Et ce n'est pas tout, nous n'avons indiqué que le chiffre ressortant directement de la production industrielle ; il convient encore de tenir compte des opérations particulières aux commissionnaires en rouenneries et dont le total n'est pas inférieur à . . . . 200,000,000 fr.

Des commissionnaires en tissus écrus.	100,000,000
Des commissionnaires en filés	100,000,050
Des commissionnaires en produits chimiques et matières tinctoriales	20,000,000
Total. . . .	420,000,000 fr.

Et alors les transactions auxquelles donnent lieu la fabrication des tissus de coton et des produits chimiques se totaliseraient par (voir tableau XL). . . . 858,775,185 fr.

Il est inutile désormais d'insister sur l'importance de l'industrie qui met en œuvre le coton : par l'énorme capital qu'elle absorbe, par le nombre de bras qu'elle occupe, par les masses qu'elle met en mouvement, et enfin par la multitude d'autres industries qu'elle entraîne dans son orbite, elle doit, sans contredit, être classée au premier rang.

Les dix dernières années qui viennent de s'écouler ont été fécondes en vicissitudes de toute nature ; elles ont profondément troublé dans leurs fonctions les diverses branches de cette spécialité et elles laissent planer de graves inquiétudes sur leur avenir. Deux faits majeurs dominent tous les autres par leur importance, par la portée et les conséquences qui s'accusent successivement ; nous voulons parler du nouveau régime économique et de la disette du coton. Tout a été dit sur ces événements et nous ne voulons pas nous y arrêter longtemps ; nous nous bornerons simplement à en indiquer l'origine et les effets principaux.

L'industrie manufacturière de notre pays a pris naissance et s'est développée sous l'égide du système prohibitif ; était-elle assez forte pour être mise hors de page et voler de ses propres ailes ? Non , assurément , puisque l'on a reconnu qu'il était nécessaire de la défendre par un régime protecteur.

La réforme était-elle nécessaire , était-elle prématurée ? Des controverses ardentes se sont agitées sur ces deux points, et malgré dix années d'expérience, ce que nous pourrions dire à ce sujet n'ajouterait que bien peu à la lumière qui a pu se produire, et en tous cas ne modifierait en rien les convictions. Nous nous bornons à enregistrer les faits. Disons cependant qu'elle avait été précédée par une lettre impériale, en date du 5 janvier 1860, annonçant une série d'améliorations dans l'assiette économique du pays, qui, si elles eussent été préalablement réalisées , auraient singulièrement modifié les résultats.

Le 23 janvier 1860, un traité de commerce était signé entre la France et l'Angleterre ; sa mise en pratique, pour les marchandises en coton, fut fixée au 1er octobre 1861.

Quoique pressenti, cet événement eut, dans ses effets, le caractère d'un coup d'Etat. Du jour au lendemain, nos industries se trouvèrent jetées dans l'arène de la lutte internationale. Bien des craintes avaient été exagérées, nous devons le reconnaître ; mais aussi que de conséquences graves n'avaient pu être prévues! Combien qui se croyaient à l'abri de tout danger ont éprouvé des déceptions ! Combien de mécomptes nous réserve encore l'avenir! Toujours il faudra compter avec les circonstances de climat, de latitude et les conditions politiques.

Nous nous faisons un devoir cependant de déclarer que nous ne prétendons nullement à un retour vers la prohibition, mais que nous réclamons énergiquement un système sagement pondérateur. Cette revendication veut le concours de tous les intéressés, aidés du temps et de la libre discussion.

La crise cotonnière eut pour signal les proclamations du président Lincoln, en date des 19 et 27 avril, insérées au *Moniteur* du 5 juin 1861, et annonçant la déclaration du blocus des ports de tous les Etats sécessionnistes. La hausse sur les cotons en laine se fit sentir immédiatement, mais sans beaucoup d'entrain; elle était prématurée, les stocks en cotons et en marchandises fabriquées étaient trop considérables. Depuis plusieurs années d'importantes réserves servaient de modérateur aux velléités de la spéculation; mais dès que ces réserves eurent été entamées et qu'on eut la certitude que la récolte d'Amérique ne pourrait franchir la ligne du blocus, la spéculation se mit à l'œuvre, et, dès mai et juin 1862, le coton atteignait deux fois et demie sa valeur normale; en juillet, il quadruplait. Nous étions en pleine famine. Cet état de choses se prolongeait jusqu'en 1864, époque de la prise de Richebourg.

Pendant ce temps, la culture du coton s'organisait sur tous les points où elle est praticable; elle se triplait en Egypte, au Brésil et dans l'Inde. La fin de la guerre d'Amérique permettait aussi de reprendre le cours des expéditions vers l'Europe. Mais si les arrivages ont été à peu près en rapport avec les besoins de la consommation, aucune réserve n'a encore pu être reconstituée, et aujourd'hui le cours des cotons se maintient à une élévation qui démontre l'insuffisance des approvisionnements.

Sous l'empire de ces événements, l'expérience du nouveau régime économique a-t-elle été rigoureusement faite? Non, car aucun des concurrents n'a retrouvé sa situation normale; particulièrement en ce qui concerne la production des tissus de coton, chacun a été comprimé et retenu par les difficultés qui résultent de l'insuffisance de la provision des matières premières; l'expérience certaine se fera alors que l'Angleterre aura retrouvé l'amplitude de ses moyens d'action.

En effet, avant la guerre d'Amérique, tous les trois ans au moins, elle arrivait à l'état pléthorique, une crise se manifestait et une liquidation générale s'ensuivait. Admettons, par la pensée, un retour à la pleine activité, l'élan sera d'autant plus puissant que le champ à parcourir sera plus étendu. La même cause entraînera chez nous un mouvement parallèle. Ce sera la prospérité. Mais le moment viendra où tous les besoins seront satisfaits; les débouchés s'encombreront, les produits s'accumuleront et une crise éclatera; on procédera à la liquidation habituelle qui s'ensuit.

Qu'arrivera-t-il?

L'industrie anglaise, forte de ses épargnes, aura conservé une attitude ferme pendant six mois, pendant un an. Malgré sa richesse, de même que tous les marchands, elle n'aime pas à perdre, à moins que ce ne soit un procédé de spéculation; elle accumulera donc sa fabrication de six mois ou d'une année; mais enfin il faudra rejeter ce trop plein, n'importe où, n'importe comment, car on ne peut contester à nos voisins ni la vigueur, ni la résolution.

Or, notre industrie cotonnière est, par rapport à celle de l'Angleterre, comme 6 est à 42 ou comme 1 est à 7. Si notre marché reçoit le septième du trop-plein d'une année ou de six mois, ou le quinzième, notre marché, déjà encombré par les mêmes causes qui ont pesé sur la production anglaise, aura donc à déblayer l'équivalent de deux à trois années de la production de notre industrie!

Cette hypothèse pourra être taxée d'exagération; rien de plus simple cependant, car nos chiffres n'ont rien d'hyperbolique : que le septième, le quinzième, le trentième si l'on veut, du trop-plein anglais soit déversé sur notre marché, ce n'est là qu'un événement commercial ordinaire, et notre industrie sera écrasée pour longtemps; celle de notre région particulièrement, car le type de notre fabrication diffère bien peu de celui qui fait l'objet de la grande majorité de l'industrie anglaise.

D'ailleurs, nous n'en sommes plus aux suppositions, les faits parlent, et leur éloquence est bien autrement puissante que nos raisonnements. Où en est aujourd'hui l'industrie des produits chimiques? Deux fabricants anglais de chromates de potasse ont engagé un duel à mort, c'est dans les habitudes de leur pays; ils sacrifient des sommes énormes attendant que l'un des deux succombe dans la lutte. Notre marché se trouve, par suite, envahi par des produits à vil prix, et cette industrie, essentiellement française, issue du génie de Vauquelin, créée par Delacrétaz, se voit frappée à mort dans l'un des deux établissements que nous possédions, et gravement compromise au Havre, là même où elle a pris naissance!

La fabrication des produits à base de soude, autre industrie du génie de la France, ne se trouve pas moins compromise : en ce moment, la production anglaise éprouve un reflux en raison des droits exagérés établis aux Etats-Unis;

les produits font irruption depuis six mois vers notre pays, et naturellement avec la proportion de la puissance de l'industrie anglaise. Dans les différents ports de notre littoral, les sels de soude et cristaux de soude arrivent avec la progression effrayante de 20, 25, 80 et même 117 0/0, d'une année à l'autre.

Et enfin, ne voyons-nous pas l'industrie de Roubaix étouffée sous un envahissement de produits qui s'est élevé jusqu'à 53 millions de francs environ, *cinquante pour cent de sa fabrication annuelle !*

« Aujourd'hui, dit la Chambre de Commerce de Lille, nous ne connaissons plus en France *une seule filature* produisant les n°s 143 mille mètres et au-dessus, pour l'emploi de Tarare. Avant 1860, on *en comptait vingt*, tant en Alsace que dans le Nord. »

Notre hypothèse est donc parfaitement logique ; elle peut se réaliser dans un avenir prochain.

Nous venons d'esquisser la physionomie générale des événements qui se sont accomplis depuis l'avénement du nouveau régime économique ; nous allons examiner maintenant comment ce même régime a manifesté son influence sur les principales branches de nos grandes industries.

Filature. — Avant 1859, l'industrie cotonnière de notre région était répartie dans un grand nombre de mains ; les établissements représentaient le produit et les épargnes du labeur amassés depuis le commencement du siècle. Ce fractionnement laisse peut-être à désirer au point de vue de l'économie des moyens et du rendement avantageux ; c'est une question que nous réservons pour le moment. Ce qu'il nous est permis de dire, c'est que cette organisation était rigoureusement en rapport avec la condition sociale qui a prévalu en France depuis la Révolution de 89. Suivant l'expression consacrée aujourd'hui, elle était purement démocratique et, par conséquent, parfaitement en harmonie avec la constitution de la richesse du pays. Elle était née, elle avait vécu et elle s'était développée à l'abri de toute atteinte extérieure. Tout à coup, les barrières sont abaissées par un acte violent ; à la prohibition succède le système protecteur représenté par une série de tarifs calculés au minimum des conditions dans lesquelles notre industrie fonctionne, et on la met aux prises avec le plus redoutable concurrent qu'elle pût rencontrer dans le monde.

En effet, l'organisation de l'industrie anglaise revêt un caractère qui diffère essentiellement de celui que nous venons de définir : la propriété foncière ayant conservé chez nos voisins une constitution purement féodale, les capitaux, nés du travail industriel, ont dû s'agglomérer dans la sphère où ils ont pris naissance et ils ont fini par y former une masse formidable qui dépasse en importance tous ceux de même nature existant dans l'univers civilisé.

Que pouvaient les petites filatures de 2 à 4,000 broches, gagne-pain de quelques familles? Comment affronter le choc de ces gigantesques associations anglaises? Tenter la lutte eût été courir au-devant de la mort ; la crise américaine aidant, un grand nombre se fermèrent pour ne plus se rouvrir.

Soixante-quinze établissements, représentant 461,250 broches, durent liquider. Sur ce nombre quarante-trois, formant un ensemble de 230,000 broches, sont encore en chômage et ne trouveront peut-être pas, pour la plupart, acquéreurs. (Tableaux XXIV, XXV, XXVI, XXVII, XXX.)

Cependant, malgré ces désastres, on ne perdit pas courage, on se mit énergiquement à l'œuvre; toutes les ressources disponibles furent consacrées à l'amélioration de l'outillage, à la transformation des établissements et à la création de nouveaux ateliers.

Le tableau suivant permettra d'apprécier quelle impulsion vigoureuse fut donnée à cette œuvre de rénovation.

	SEINE-INFÉRIEURE.			
	Situation au 1er Janvier 1860.		Situation au 1er Janvier 1869.	
	Etab.	Broches.	Etab.	Broches.
De 50,000 broc. et au-dess.	»	»	2	146,400
De 40,000 à 50,000 broch.	»	»	1	49,506
De 30,000 à 40,000 —	1	36,600	2	62,634
De 20,000 à 30,000 —	2	51,300	4	93,996
De 15,000 à 20,000 —	9	150,224	14	235,822
De 10,000 à 15,000 —	28	332,770	25	296,214
De 5,000 à 10,000 —	70	528,806	58	407,764
De 2,000 à 5,000 —	62	233,164	43	160,336
De 1,000 à 2,000 —	32	44,770	20	29,696
De 500 à 1,000 —	16	11,860	9	6,072
De à 500 —	8	2,400	7	2,892
	228	1,391,894	185	1,491,332

Le mouvement est fortement accusé, et la plus grande somme des efforts tend vers l'installation des filatures dépassant 20,000 broches.

L'énergie n'est donc pas ce qui fait défaut, et d'ailleurs le choix n'est pas toujours permis à ceux qui se trouvent engagés dans une carrière : l'usine représente le plus souvent le patrimoine d'une famille, son seul moyen d'existence, ou un avoir dotal, ou l'avoir de mineurs; alors on fait appel à toutes les ressources du crédit; l'établissement devient un gage hypothécaire.

Dans ces conditions, comment réaliser? Il n'est pas même possible de le tenter alors que la crise sévit. On marche donc jusqu'à ce qu'une catastrophe vienne faire la lumière sur cette triste situation ; la liquidation est ouverte et souvent il ne se trouve pas d'acquéreurs à aucun prix.

C'est ainsi que, dans les deux vallées de Duclair et de Pavilly, *vingt-une* filatures, renfermant 121,000 broches, ont été liquidées, mises aux enchères, sans trouver acheteurs; puis enfin quelques-unes ont été vendues à vil prix, ou bien le matériel brisé et dispersé par les brocanteurs. Un autre établissement vient d'être mis en vente tout récemment par suite de décès; il est de construction récente et a coûté 800,000 fr., il a été adjugé à 200,000 fr.

Mais ces nombreux sinistres commerciaux ou ces liquidations amiables ne sont que la dénonciation d'un état de malaise général; en ce moment encore, dans la Seine-Inférieure et l'Eure, vingt-trois établissements, représentant 311,424 broches, se trouvent dans une position difficile et avouée. (Tableaux XXIV, XXV.) Ce sont là les chiffres en quelque sorte officiels; ne donnent-ils pas la mesure des souffrances occultes de tout le corps industriel, et enfin ne permettent-ils pas d'apprécier les difficultés inextricables au milieu desquelles se débat cette branche si importante de la richesse publique?

Tissage en écru. — De toutes les branches qui composent l'industrie cotonnière, la filature et le tissage des calicots sont celles où se manifeste la solidarité de la manière la plus absolue. Chacune subit simultanément ou alternativement les mêmes vicissitudes, en réagissant constamment l'une sur l'autre.

Nous n'avons donc pas à reproduire l'exposé des causes premières qui ont eu une action si manifeste sur la filature. La disette du coton, les traités de commerce ont exercé la même influence sur son activité : chômages, liquidations, transformations ont eu partout le même caractère, et c'est en obéissant aux mêmes nécessités que l'on a multiplié les moyens de production.

Pendant cette période de dix années, onze établissements, représentant 1,332 métiers, ont dû liquider. Et aujourd'hui, cinq, réunissant ensemble 856 métiers, sont encore sous le coup de difficultés plus ou moins graves. (Voir tableaux x, xxviii, xxix.)

Indiennes. — En 1859, la fabrication d'indiennes comptait trente-deux établissements, plus un imprimeur de lainages.

En 1869, ce nombre est réduit à vingt fabricants et trois imprimeurs de lainages.

C'est un amoindrissement de douze établissements, représentant la puissance de production de : tables. . . . 297

Machines à imprimer au rouleau. 21

Perrotines. 25

(Voir tableau xx.)

Si nous mettons cette perte en regard des mêmes qui restent en activité, nous trouvons :

Tables. 663

Rouleaux. 43

Perrotines. 38

(Voir tableaux xiii, xiv.)

Nous voyons que cette spécialité a vu disparaître près de 50 0/0 de ses éléments de production.

Ici, nous n'avons à signaler ni modifications, ni transformations, ni agrandissements. Les fabriques sont ce qu'elles étaient il y a dix ans. Ce sont là les signes les plus redoutables pour l'avenir.

Il est vrai, quelques maisons ont su donner à leur fabrication une importance bien supérieure à ce qu'elle était antérieurement ; mais c'est un mérite purement personnel et non le résultat de l'impulsion générale des affaires.

Tout établissement obligé de suspendre ses opérations pour une cause quelconque : pour liquidation amiable ou forcée, ou par suite de décès, est frappé à mort ; on ne trouve ni *locataire*, ni *acquéreur ;* le matériel se trouve dispersé ou réduit en ferraille.

Serait-ce que l'article impression serait délaissé et condamné à disparaître peu à peu ? Non, car un genre qui fournit encore à l'industrie cotonnière un contingent de plus de 60 millions, accuse d'une manière trop manifeste sa raison d'être. D'ailleurs, l'Alsace a vu pendant ce laps de temps cette même spécialité augmenter sa production d'environ 50 0/0. L'Alsace, nous devons le reconnaître, est vouée aux articles de luxe et de fantaisie, et c'est au dehors qu'elle a trouvé une large expansion à son activité ; tandis que Rouen est contraint de se renfermer dans la fabrication des indiennes les plus ordinaires, et, par cela même, se trouve en compétition directe avec l'Angleterre et la Suisse, dont nous avons relevé les avantages si marqués, non-seulement dans les fonctions spéciales à l'impression, mais encore dans cette condition toute matérielle d'avoir à leur disposition les matières premières à la moyenne de plus de 20 0/0 au-dessous de ce que nous pouvons obtenir.

Dans cette direction, c'est-à-dire du côté de l'exportation, le champ est presque illimité : la Suisse y rencontre les deux tiers de son débouché, et l'Angleterre y trouve, chaque année, le placement de 365 à 375 millions de francs d'indiennes. C'est donc vers l'exportation que devrait porter l'effort principal, et, nous avons le regret de le constater, l'obstacle est presque insurmontable. Nous n'avons pas d'état spécial de l'exportation des indiennes de Rouen ; on peut cependant l'évaluer à peu près ainsi :

Italie, 100,000 pièces, à 60 fr. . . .	6,000,000 fr.
Algérie, les autres colonies et quelques pays autres.	1,000,000
	7,000,000 fr.

Or, depuis trois à quatre années, le chiffre des exportations en tissus imprimés et teints s'élève annuellement à une trentaine de millions de francs ; la différence, ou 22 à 23 millions, représente à peu près l'équivalent du chiffre des exportations alsaciennes, qui a été déclaré par M. Jean Dolfus lors de l'enquête sur les admissions temporaires.

La consommation de nos indiennes, à un huit ou neuvième près, se trouve donc à l'intérieur, et c'est de ce côté qu'il faut chercher les origines du malaise.

Ce n'est pas l'importation étrangère, elle se balance à peu près avec notre exportation. La lutte sérieuse et le refoulement qui en est la conséquence a lieu par voie indirecte. Si l'on veut trouver les causes réelles des souffrances de l'indienne de Rouen, c'est par les *cinquante-trois millions* de tissus mélangés de laine et de coton venus d'Angleterre, qui, joints à la production de Roubaix, devenue par cela même surabondante, qu'il faut expliquer cet avilissement des prix et ce délaissement partiel du produit.

Rouenneries. — La rouennerie, moins heureuse que l'indienne, sous ce rapport qu'elle ne peut accélérer sa production, voit son importance commerciale en rapport direct avec le nombre de métiers battants. Pendant la période de dix ans qui vient de s'écouler, le nombre de ses fabricants a été réduit de *vingt-huit* et elle a perdu 6,728 métiers, ce qui correspond à l'occupation de 13,000 ouvriers, et de plus de *trois millions et demi* de salaires et 10 millions de trafic.

La rouennerie s'inspirant des mêmes besoins que l'indienne et s'adressant, par conséquent, au même ordre de consommateurs, nous ne pourrions que répéter ce que nous venons de dire à l'égard des causes du malaise qui pèse sur l'une et l'autre de ces spécialités.

CONSIDÉRATIONS

APPLICABLES A L'ENSEMBLE DE L'INDUSTRIE COTONNIÈRE

Nous venons de passer en revue les diverses transformations auxquelles le coton est soumis dans notre contrée. Nous nous sommes appesantis successivement sur les faits et circonstances qui ont déterminé la situation actuelle de la filature, — du tissage écru, — de l'indienne, — de la rouennerie et des produits chimiques. Il nous reste maintenant à développer une considération générale qui, par son rôle supérieur, domine toutes celles que nous avons exposées.

Au moment de la signature du traité anglo-français et à la suite de l'enquête qui l'avait précédée, on avait répété et l'on s'était évertué à démontrer qu'une des principales causes de notre infériorité en industrie provenait de la mauvaise condition de notre matériel, non moins que de l'échelle trop réduite sur laquelle nos ateliers avaient été organisés. Même aujourd'hui, nous n'oserions rien contester à cette assertion, quoiqu'il y ait à distinguer; il est bien des cas où l'ingéniosité peut lutter avec avantage contre la force et l'ampleur des moyens. Avant tout, il importe de tenir compte de la condition d'être et du génie des peuples. Toutefois, la thèse est indiscutable lorsqu'elle s'applique à la fabrication de produits simples, lorsque, par exemple, ils peuvent servir de matière première à d'autres industries ; de ce nombre, nous compterons la filature, le tissage et la fabrication des produits chimiques.

On a pu voir, par l'aperçu que nous en avons donné dans notre statistique, que les manufacturiers n'avaient pas méconnu cette espèce d'avertissement de l'opinion publique. Le Gouvernement lui-même avait pensé qu'il devait seconder ou stimuler les efforts de l'industrie, et 40 millions avaient été mis à sa disposition pour cet objet. Comment cette somme a-t-elle été répartie ; est-elle toujours allée vers les situations les plus intéressantes, ou bien n'a-t-elle été le plus souvent qu'une épave de plus ajoutée aux débris d'un naufrage commencé ? C'est ce que nous ne rechercherons pas. Disons cependant que, dans bien des circonstances, les subsides n'ont servi qu'à prolonger l'agonie d'une entreprise condamnée depuis longtemps et où manquait trop souvent la chose essentielle : l'esprit de suite et la sage direction ; que, loin d'avoir été un bienfait, il en est résulté une aggravation du malaise général. Ce ne sont pas les maisons puissamment outillées, largement pourvues de capital et intelligemment conduites qui font le mal dans la concurrence, bien au contraire, leur prospérité est le pivot de la prospérité générale, et les petits peuvent largement glaner dans leur sillon. Ce sont les entreprises chancelantes qui sont les plus dangereuses, car celles-là vendent à tout prix pour se créer des ressources. Reconnaissons-le donc, cet énorme subside, pris dans l'épargne publique, fut une cause de calamité de plus, au milieu des désastres occasionnés par la double action du traité anglo-français et de la crise américaine.

Cependant, de cette impulsion donnée à l'opinion générale, il est résulté que, malgré la chute ou la disparition de 161,250 broches et de 1,332 métiers à tisser (voir tableaux XXIV, XXV, XXVIII, XXIX), la balance, après dix années, ressort avec un excédant de . . . . 103,789 broches. (Voir tableaux I, II, III, IV, XXIII), et de 4,163 métiers.

Cet excédant, toutefois, demande à être apprécié.

Dans ce mouvement de transformation qui s'est opéré dans la filature, l'introduction des bancs-à-broches s'est étendue sur une large échelle, environ au cinquième; ces appareils sont comptés comme broche par le fisc et imposés comme tels, et cependant ce n'est qu'une machine qui ne sert qu'à la préparation, comme le *rota-frotteur* qu'elle remplace : nous avons dû, dans notre statistique, les maintenir sous la même dénomination. Si on les déduit du chiffre général, l'augmentation des broches disparaît et le total est réduit au-dessous de celui de 1859. A proprement parler, il y a eu amélioration et transformation, et non augmentation.

En ce qui concerne l'augmentation des métiers, elle s'explique par le développement de la fabrication des gros tissus et par l'introduction des filés étrangers.

Quoi qu'il en soit, ce développement de l'outillage correspond-il à un mouvement parallèle de la consommation? Non, répondrons-nous sans aucune hésitation, car les principaux consommateurs des produits de la filature et du tissage ont perdu notablement de leur importance : l'indienne a vu disparaître les deux tiers de ses établissements et 50 0/0 de ses moyens de production, et *cent cinquante mille* pièces de sa fabrication, représentant le quinzième du tissage des calicots.

La rouennerie a perdu 6,728 métiers, près de 25 0/0 de tout son outillage, dont la consommation annuelle dépassait *un million* de kilogrammes de coton filé. Ajoutons encore que l'industrie roubaisienne, qui offrait un important débouché à la filature, écrasée elle-même par la concurrence anglaise, loin de nous demander des filés, a consacré 100,000 broches à nos gros numéros, en vue de concurrencer nos calicots.

Le développement de notre outillage, son perfectionnement et, par suite, l'augmentation de notre production, ne se sont plus trouvés en rapport avec les besoins de notre marché; l'équilibre a été rompu, de là les réactions violentes dans les opérations du commerce, de là les chômages partiels et les liquidations si fréquentes; de là cette ruine générale de notre industrie qui s'accuse souvent d'une manière trop significative.

Au moins trouvons-nous une compensation dans le développement de notre exportation?

De ce côté encore nous rencontrons un mécompte, la balance des huit années qui ont précédé le traité de commerce, mise en regard des huit qui le suivent, présente une différence en moins à l'exportation de. . . . . 1,137,090 fr. (Voir tableaux XXXV, XXXVII, XXXVIII.)

Il est de notre devoir de reconnaître que, pendant la durée de la crise américaine, les exportations se sont ralenties en France comme en Angleterre, et qu'à partir de 1864, elles ont repris un certain élan. Mais qui peut garantir que la progression se maintiendra? D'ailleurs, filature, tissage, indiennerie, rouennerie, n'ont-ils pas dans notre région ce caractère simple et de consommation la plus infime, que recherche de préférence l'industrie de l'Angleterre, de la Suisse et de la Belgique. Vouloir affronter la lutte sur le terrain de la libre concurrence avec des adversaires munis d'avantages aussi marqués que ceux que nous avons analysés en commençant, nous paraît presque une chimère. Quoi que nous fassions, la somme des frais généraux paralysera quand même les efforts que nous pourrons tenter dans ce sens. Notre patriotisme souffre d'avoir à formuler d'une manière aussi radicale une opinion qui semblerait tendre à jeter le découragement dans l'esprit du peu de personnes qui croient encore à la possibilité d'exporter les produits manufacturés de notre circonscription ; mais notre mission nous impose le devoir de dire la vérité sur ce point comme sur tous les autres, et nous ne voulons rien dissimuler.

Rappelons ces chiffres de notre analyse comparative :

La filature suisse a sur la nôtre un avantage de		23,8 0/0	
La filature anglaise, de		23,9 —	
Le tissage suisse, par le filé	23,8	=24,9 —	
— par façon tissu	26		
Le tissage anglais, par filé	23,9	=16,5 —	
— par façon tissu	9,2		
L'indienne suisse, par filé	23,8		
— par façon tissu	26	=23,1 —	
— par impression	19,7		
L'indienne anglaise, par filé	23,9		
— par façon tissu	9,2	=18,1 —	
— par impression	21,2		

Nous l'avons déjà dit, les frais généraux de toute exploitation industrielle portent sur trois chapitres principaux :

1° Frais d'installation ;

2° Production de force motrice ;

3° Prix de la main-d'œuvre.

Dans notre grande industrie, où l'installation veut de solides constructions, un outillage fortement membré et assis sur des chaises massives, le prix de revient est en raison de la somme du coût du fer. Ce dernier est en rapport direct du prix du combustible.

La Belgique et l'Angleterre possèdent, de ce côté, des avantages que nous avons établis dans la proportion de 10 à 22. Nous ajouterons qu'en Angleterre, il est bien des localités où l'industriel trouve sous sa main des charbons qui descendent jusqu'à 8 et 6 fr. la tonne.

La force motrice se présente dans les mêmes conditions en Angleterre et en Belgique.

En Normandie, la quantité des chutes d'eau, n'étant que dans la proportion du cinq ou sixième au plus, le prix des moteurs hydrauliques est basé rigoureusement sur celui du combustible.

En Suisse, la hauteur des chutes et leur multiplicité établit leur rapport, en ce qui concerne le charbon, comme 8 est à 32. Conséquemment, par rapport à nous, la proportion s'établirait à 5 fr. 50 c. contre 22 fr.

La main-d'œuvre est subordonnée à la somme des besoins à satisfaire, et par contre, à la somme des charges publiques à acquitter, *car tout ce qui produit étant appelé à contribuer, le prix des choses nécessaires à la vie est en raison des droits et taxes qui frappent directement ou indirectement sur ces objets.*

Les besoins sont en raison des habitudes et du climat.

En Suisse, l'altitude du pays fait l'homme fort et robuste; l'influence du climat, jointe aux effets d'une instruction relativement élevée, rendent la sobriété facile à ses habitants. La neutralisation de son territoire et sa constitution politique ont permis de réduire les charges publiques au minimum possible. Aussi le salaire moyen est-il, par rapport à nous, dans la proportion de 2 fr. à 3 fr.

En Angleterre, les charges publiques atteignent des proportions énormes ; elles se composent : du service de la force militaire, du service de la dette de l'Etat, des dettes municipales et paroissiales, des larges rétributions affectées aux dignitaires de l'ordre civil, de l'ordre militaire, au clergé, et au service de l'assistance publique. Mais la nature lui a départi une heureuse compensation dans l'abondance du combustible.

La Belgique, par son organisation politique, se rapproche des conditions de la Suisse ; son climat y rend les besoins de la vie plus étendus ; mais la densité de la population multiplie l'offre de la main-d'œuvre, et il en résulte que le salaire se nivelle à quelque chose près avec celui de la Suisse.

En France, l'ouvrier employé dans l'industrie cotonnière touche un salaire, en général, un peu inférieur à celui de l'ouvrier anglais. Il dépense moins, mais il produit moins. Ses goûts sont plus raffinés et sa nature nerveuse est moins apte aux efforts musculaires. Cependant les conditions se rapprochent : *en dix ans, le prix de la main-d'œuvre a augmenté de 20 0/0 dans notre région*, et si l'Angleterre a fait quelques progrès de ce côté, la progression relative a été plus rapide chez nous. Il est vrai que l'ouvrier n'en est pas plus heureux : le prix de la viande, le loyer des habitations, les charges publiques et tous les services sociaux ayant marché du même pas. Ajoutons, enfin, la conscription militaire qui prend les ouvriers les plus robustes et les plus capables, et qui garde les meilleurs ou les renvoie aux administrations ou à la domesticité.

Ainsi donc : outillage, force motrice, main-d'œuvre, ces trois termes du problème de la grande production manufacturière, semblent devoir nous fermer tout espoir de prendre rang parmi les peuples industriels sur le terrain de la libre concurrence. Les Anglais nous dominent par l'abondance de leurs houilles, les Belges par le bas prix de leurs charbons et de leur main-d'œuvre, les Suisses par la multiplicité des moteurs naturels et la modération de leurs impôts; tous par leurs positions acquises et l'étendue de leurs clientèles.

Ce n'est pas la moindre des difficultés que celle qui consiste à aller disputer un marché à des rivaux qui occupent déjà toutes les avenues du commerce et qui s'y sont fortifiés par les attaches du crédit. Les rapports de la Suisse avec l'Inde, la Chine et l'archipel de la Malaisie lui procurent 80,000,000 fr. d'exportation. Quant à l'Angleterre, il serait chimérique de lui disputer l'approvisionnement de ses *trois cents millions* de sujets, d'alliés ou de tributaires.

Quel ascendant, quelle force d'impulsion ne résultent-ils pas d'une semblable position !

Le prix de la houille. — Ne peut-on pas espérer quelque amélioration dans les voies et moyens de notre production ? Oui, sans doute ; mais malheureusement ce ne peut être que dans une mesure fort restreinte. Nous repoussons toute idée de réduire le prix de la main-d'œuvre ; bien au contraire, nous appellerions de tous nos vœux une rémunération plus large si elle était possible. Qu'elle reste donc ce qu'elle est et que l'allégement des charges publiques, en rendant les conditions de la vie moins difficiles, permette à l'ouvrier de subvenir plus largement aux besoins de sa famille ; il en résultera ce double avantage, qu'en même temps que le coopérateur verra sa situation s'améliorer, le chef d'établissement trouvera les frais d'exploitation moins lourds. On comprendra que nous nous bornions à cette simple indication. Mais il n'en est pas de même de la houille ; aussi nous désirons nous y appesantir.

Notre région ne possède pas de gisement houiller. Nos industries s'alimentent des charbons que l'on fait venir d'Angleterre, du nord de la France et de la Belgique. Rouen est le point de démarcation des deux zones ; quant à présent, les deux provenances se font équilibre dans notre port maritime.

Le prix du charbon anglais, qui alimente pour la majeure partie l'ouest du département de la Seine-Inférieure, se compose :

1° Du prix d'achat revenant, mis à bord, à. . .	10 fr.	»
2° Du droit d'entrée de.	1	20
3° Du fret.	10	80
	22 fr.	»

Sur ce chiffre, une seule modification est possible, c'est la suppression du droit d'entrée, et alors il sera réduit à. . . . . 20 fr. 80

Cette différence semble n'être que peu de chose, cependant elle a son importance, comme nous pourrons l'apprécier plus loin.

Le prix du charbon du Nord se compose, en moyenne :

1° Du prix d'achat au carreau de la mine. . .	11 fr.	20
2° Du droit d'entrée.	1	20
3° Des frais de batellerie.	9	60
	22 fr.	»

Les frais de batellerie se décomposent :

1° En dépenses pour pilotages ;
2° — — halages ;
3° — — éclusages ;
4° — — remorquages ;
5° — — allégement ;
6° En droits de parcours sur les rivières et les canaux.

Les dépenses de pilotages, de halages, d'éclusages, de remorquages et d'allégement, peuvent être singulièrement réduites par les améliorations à faire aux voies navigables. Avec une profondeur constante de 2 mètres, les bateaux porteront le double de poids et ne seront plus exposés aux frais d'alléges. De là naturellement une réduction proportionnelle dans le prix du fret.

Le droit d'entrée est un oubli formel du programme du 5 janvier. En ce qui concerne le droit de parcours sur les canaux, qui est de 2 centimes par tonne et par kilomètre, et sur les rivières de 1 centime, il est incompréhensible qu'il soit nécessaire d'en faire l'objet d'une réclamation. Les voies navigables sont le plus simple et le plus puissant véhicule de la richesse publique; ils conduisent où l'on veut avec le moins de frais possible, et loin d'en interdire l'accès ou l'usage par des taxes aussi minimes que l'on voudra, c'est là surtout que devrait être mis en pratique le célèbre axiome : « Laissez faire, laissez passer. » Ce sont les artères les plus naturelles et les plus fécondes de la vie sociale; elles existent de toute éternité, et quand les routes, les chemins, les ponts, œuvres non moins utiles mais exclusivement artificielles, sont compris dans les services publics et affranchis de toute espèce de péages, comment admettre que les rivières et les canaux soient soumis à ce régime d'exception?

Mais ce droit est insignifiant, répondra-t-on, un et deux centimes! Ce droit, au contraire, est exorbitant, car de la frontière belge à Rouen, il s'élève à 0 fr. 914 par tonne, ou à 91 fr. 44 c. par 100 tonnes, ou 250 fr. par bateau. (Tableau XXXIX.)

Joint au droit d'entrée du charbon, il représente près de 30 0/0 du montant du fret, et souvent sur le charbon 25 à 30 0/0 du prix d'achat, et sur l'ensemble de l'opération de 10 à 15 0/0. Sous toutes ses formes, c'est un impôt écrasant.

Et enfin, si l'on veut bien reconnaître que la consommation de la houille, rien que dans la Seine-Inférieure et l'Eure, est représentée par 7 à 800,000 tonnes, on verra que l'industrie doit acquitter une charge purement fiscale de 1,700,000 fr. (Tableaux XXXVI, XXXVII, XXXVIII.)

La simple équité, non moins que l'observation de la règle la plus élémentaire de l'économie politique, commandent la suppression de ces droits.

Nous pourrions également signaler les tarifs si étranges des chemins de fer. Mais ces entreprises usent et abusent de leurs priviléges et de leur monopole : depuis trente ans nous avons pu apprécier l'effet des tarifs communs, tarifs spéciaux, tarifs d'abonnement, tarifs locaux, tarifs de transit, tarifs à vol d'oiseau, etc., etc., qui ont pour but de faire violence aux lois de la nature, par conséquent d'être antiéconomiques et de nuire aux intérêts des compagnies en même temps qu'à l'intérêt public. Mais nous sommes en présence d'un pouvoir omnipotent, aussi pensons-nous que le moyen le plus efficace de réagir contre ces abus est de faciliter la concurrence des voies navigables.

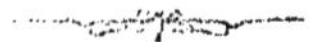

CONCLUSION.

En étudiant cette grave question des traités de commerce dans leurs rapports avec l'industrie cotonnière de notre région, nous avons dû forcément aborder certaines considérations politiques ; c'était inévitable : économie et politique sont deux termes qui ne peuvent être disjoints. N'est-ce pas une condition de nature que la constitution politique se subordonne aux circonstances de latitudes et de climat? La manière d'être, la vie et ses besoins obéissant à la même loi naturelle et dominant par leurs nécessités la loi civile, celle-ci ne peut être que le reflet de l'organisme économique. Bien que notre préoccupation n'ait d'autre objet que la sauvegarde du travail national, les déductions nous ramènent inévitablement aux considérations politiques.

En effet, les économistes ont défini ainsi le travail : la façon donnée par la main de l'homme à la matière.

L'épargne faite sur les fruits du travail constitue le capital.

Travail et capital se confondant, le travail n'est donc autre que la richesse du pays. Nos efforts ne peuvent avoir d'autre but que la défense du travail, le vrai, le seul trésor naturel.

L'épargne se crée en raison inverse de la somme des frais généraux. Ceux-ci sont la résultante des charges qui pèsent sur le travail et des conditions dans lesquelles il s'accomplit.

Les conditions de latitudes, de climat et de territoire doivent donc être, avant tout, prises en considération dans les rapports de la concurrence.

Les charges publiques constituent une large part des frais généraux ; c'est ce que nous avons indiqué plus haut et c'est ce qui nous semble ne faire aucun doute.

Travail, capital, richesse, ne représentant qu'un seul et même terme, c'est sur le travail que pèsent toutes les charges publiques, autrement dit le budget.

Puisque, dans notre constitution politique, le législateur seul a mission de discuter et de voter le budget, il est d'une logique rigoureuse que le même législateur soit chargé de veiller aux destinées du travail.

Notre dernier mot sera donc celui-ci :

C'est qu'il importe que les traités de commerce soient dénoncés au fur et à mesure de leur échéance, que les rapports internationaux soient réglés par des lois discutées et votées au sein du Corps Législatif, dont les membres sont les représentants et les défenseurs naturels de tous les intérêts du pays et les seuls ayant autorité pour établir un système sagement et équitablement pondérateur (1).

(1) Ce travail était écrit depuis longtemps et il était sous presse bien avant que le message du 12 juillet, qui répond à l'un des vœux que nous venons d'émettre, n'eût été communiqué au Corps Législatif. La Chambre de Commerce de Rouen n'ayant cessé depuis dix ans de réclamer en faveur de cette réforme, nous nous sommes fait un devoir d'être l'interprète de sa pensée la plus constante. Nous n'avons donc rien à changer à ce paragraphe.

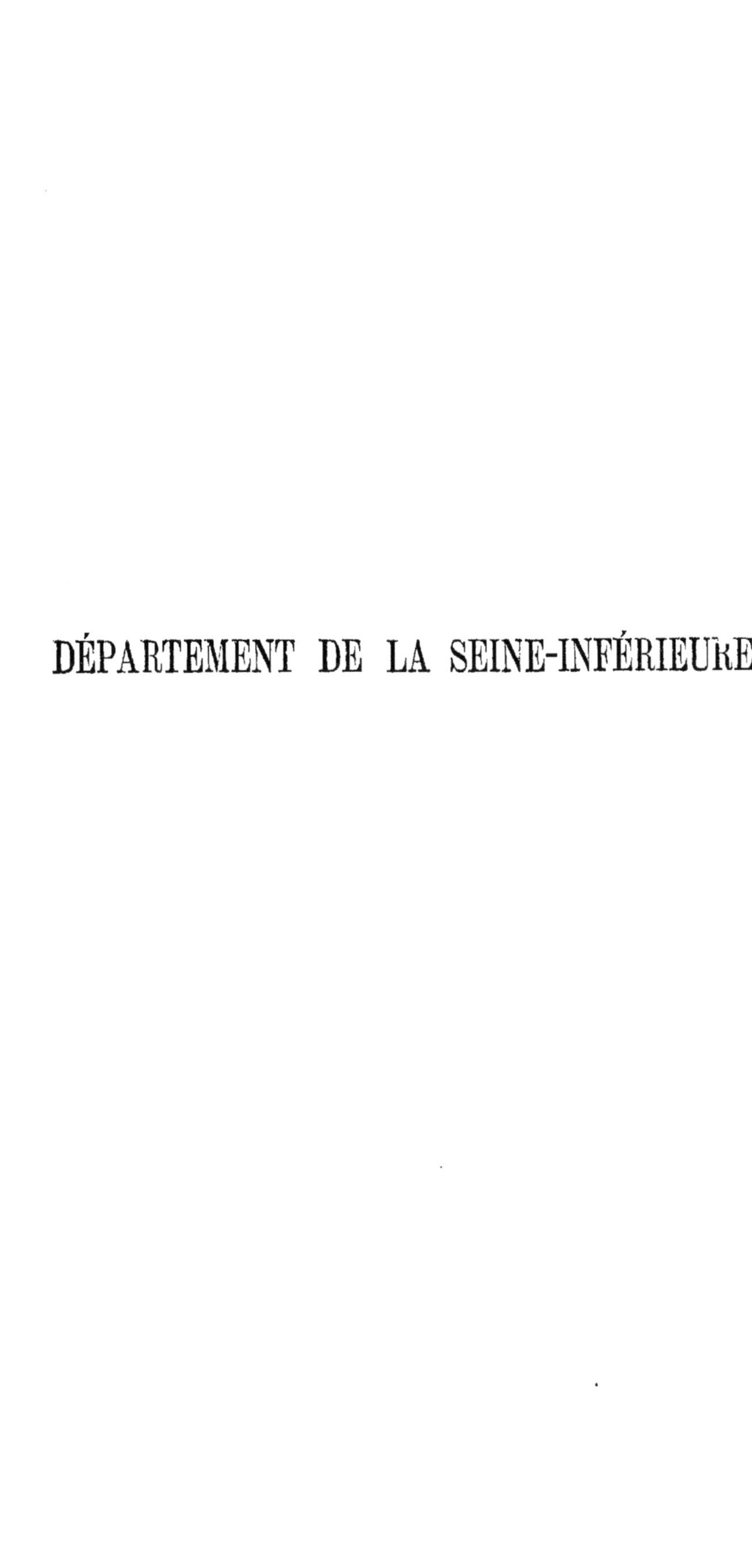

DÉPARTEMENT DE LA SEINE-INFÉRIEURE

TABLEAU I.

FILATURES DE COTON IMPOSÉES AU 31 DÉCEMBRE 1859.

COMMUNES.	N°s	NOMS DES EXPLOITANTS.	NOMBRE DE BROCHES.
Arrondissement de Rouen.			
Rouen :			
Rue Préfontaine.	1	Leveillé (François). .	18,500
—	2	Neveu (Ant.-Joseph).	2,000
Place Saint-Paul	3	Duchemin (Jules). . .	10,500
Rue Orbe.	4	Quesney (Jules) . . .	14,500
—	5	Gervais (Alexandre) .	6,400
Rue du Gril	6	Morin (Aug.-Joseph).	11,500
Rue Saint-Eustache. . . .	7	Travers (Alphonse). .	6,100
Rue du Petit-Quevilly. . .	8	Crépet (Narcisse) . .	12,300
Rue du Pré, 53.	9	Delaunay (Dominiq.).	3,800
Rue Tous-Vents, 3. . . .	10	Léveillé (Ch.-Franç.).	8,800
Route de Caen, 7.	11	Retour (Félix). . . .	900
Rue du Pré, 73.	12	Grenier-Damacel (S.).	700
Route de Caen, 17	13	Morin (Amédée) . . .	1,400
— 35	14	Deloys (Jean-Ferd.).	10,700
— 86	15	Bobée (Gustave) . . .	10,000
Passage de la Pompe, 3 et 5	16	Morin (Louis-Ezéc.).	1,100
Rue Saint-Julien, 5 et 7. .	17	Lemoine.	5,200
— 109. . .	18	Cappon (Eugène). . .	5,100
— 48 . . .	19	Fevez (Léopold) . . .	10,700
— 44 et 46.	20	Fouray (Jacques) . .	6,500
— 12. . . .	21	Billette (Jean-Bapt.) .	4,900
Rue des Brouettes, 37 bis.	22	Vincent (Théophile) .	2,000
— 6 et 8. .	23	Vincent (Georges) . .	800
— 6 et 8. .	24	Vincent (Théophile) .	500
Rue d'Elbeuf, 5 et 7 . . .	25	Lefebvre-Séré	9,900
— 15.	26	Jullien (Léopold). . .	10,900
— 75.	27	Desmares (Alexandre)	2,100
— 77.	28	Eliot (Pauline). . . .	5,100
		A reporter. . .	182,900

TABLEAU II.

FILATURES DE COTON IMPOSÉES AU 31 DÉCEMBRE 1868.

COMMUNES.	Nos	NOMS DES EXPLOITANTS.	NOMBRE DE BROCHES.
Arrondissement de Rouen.			
Rouen :			
Rue Préfontaine.	1	Léveillé (Jules) . . .	17,400
Rue du Val-d'Eauplet . . .	2	Duchemin (Jules) . .	10,400
Rue Orbe.	3	Quesney (Jules) . . .	18,600
Rue Ambroise-Fleury, 31.	4	Morin (Joseph). . . .	10,100
Rue Saint-Eustache, 5 . .	5	Crépet (Narcisse). . .	5,800
Rue du Petit-Quevilly, 7. .	6	Crépet (Narcisse). . .	13,300
R. la Pie-aux-Anglais, 10.	7	Ably (Jacques). . . .	3,900
Route de Caen, 15	8	Morin (Ezéchiel) fils .	1,452
— 35	9	Deloys (Jean)	16,232
— 86	10	Hérisson (Louis). . .	9,096
Rue Saint-Julien, 5 et 7. .	11	Ably (Jacques). . . .	4,700
— 109. . .	12	Cappon (Eugène). . .	5,800
— 44 et 56.	13	Fouray (Jacques). . .	6,600
— 12 . . .	14	Billette (Jean-Bap.). .	4,900
Rue des Brouettes, 37 b. .	15	Vincent (Théophile) .	1,000
Hameau-d.-Brouettes, 5-7.	16	Lefebre (veuve) . . .	10,100
Rue d'Elbeuf, 15.	17	Jullien (Léopold). . .	11,700
— 77.	18	Eliot (Mlle Pauline). .	6.500
— 99.	19	Leblond (Frédéric). .	5,800
— 68.	20	Harel (Jacques) . . .	8,800
		A reporter. . .	172,180

TABLEAU 1 (suite).

COMMUNES.	Nos	NOMS DES EXPLOITANTS.	NOMBRE DE BROCHES.
Rouen :		*Report.* . .	182,900
Rue d'Elbeuf, 81 et 85. .	29	Hauville (Alphonse) .	5,600
— 97.	30	Leblond (Frédéric). .	8,200
— 110. . . .	31	Villeneuve (Romain).	8,300
— 68.	32	Pontillon (Emélie) . .	8,600
Rue Méridienne, 13. . . .	33	Bertel (Jacques) . . .	10,800
Rue de Sotteville, 7. . . .	34	Deschamps (Jacques).	18,500
— 17 . . .	35	Dougnac-Hylas. . . .	7,700
— 21 . . .	36	Sanson frères et Bobée.	12,800
Rue de Grammont, 1 . . .	37	Saunier (François) . .	7,800
— 5 . . .	38	Rousseau (P.-Franç.)	1,200
Barentin	39	Damilaville.	4,256
—	40	Duboc (Louis). . . .	8,272
—	41	Duchemin (Placide) .	4,896
—	42	Gaillard et Ce	10,636
—	43	Hommais (Charles). .	7,248
—	44	Lalizel (Guillaume). .	3,700
—	45	Lemoine (Gabriel) . .	8,900
—	46	Loiselier (Isidore) . .	2,160
—	47	Travers (Alphonse). .	5,280
Saint-Martin-du-Vivier . .	48	Duboc frères.	6,600
— . .	49	Duboc (Sénateur). . .	3,444
Darnétal	50	Ably frères.	1,400
—	51	Deshayes (J.-Bap.). .	2,200
—	52	Engammare (Arthur).	7,800
—	53	Goujard (Jacques) . .	6,800
—	54	Lecoq (Napoléon) . .	4,700
—	55	Renaux (Jules). . . .	4,200
—	56	Roger-Cyriaque . . .	3,600
—	57	Rousseau (Pierre) . .	900
—	58	Villain (Jean)	5,500
St-Léger-du-Bourg-Denis .	59	Goujard (Jacques) . .	4,100
		A reporter. . .	378,992

TABLEAU II (suite).

COMMUNES.	N°s	NOMS DES EXPLOITANTS.	NOMBRE DE BROCHES.
Rouen :		*Report.* . .	172,180
Rue d'Elbeuf, 80.	21	Ve Camentron et Aubé	6,012
Rue Méridienne, 13. . . .	22	Guillou (Georges) . .	12,800
Rue de Sotteville, 7. . . .	23	Deschamps (Jules) fils.	18,094
— 17. . .	24	Dougnac-Hylas fils. .	7,300
Rue de Grammont, 1er. .	25	Harel (Jules).	8,640
— 23, 25 et 27.	26	Rivière (Jacques). . .	22,500
Rue de Sotteville, 21. . .	27	Pannier (Maximilien).	6,700
Barentin.	28	Damilaville (C.) fils. .	18,192
—	29	Damilaville (C.) père.	4,332
—	30	Duchemin (Placide) .	4,896
—	31	Gaillard et Cie	15,640
—	32	Lemoine (Thomas). .	10,300
—	33	Lemoine (Philippe). .	3,802
—	34	Loiselier (Isidore) . .	5,100
Saint-Martin-du-Vivier. .	35	Duboc (Louis). . . .	5,872
— . .	36	Duboc (Sénat.) fils. .	3,916
Darnétal.	37	Duréeu (Benjamin). .	2,100
—	38	Lecoq (Napoléon) . .	2,000
—	39	Lemarchand (Eug.). .	8,100
—	40	Renaux (Jules). . . .	4,200
—	41	Rousselin (André) . .	16,300
—	42	Villain (Jean) . . .	6,000
St-Léger-du-Bourg-Denis.	43	Lavoisier (Eugène) . .	16,200
		A reporter. . .	381,176

TABLEAU I (suite).

COMMUNES.	N°s	NOMS DES EXPLOITANTS.	NOMBRE DE BROCHES.
		Report. . .	378,992
St-Léger-du-Bourg-Denis.	60	Lavoisier (Eugène). .	15,400
—	61	Lemaître (Fortuné). .	7,200
—	62	Rozée (Louis-Nicol.).	1,300
Canteleu (Bapeaume). . .	63	Duchemin (Yves). . .	2,800
— . . .	64	Leroy (Félix)	(*) 700
Duclair.	65	Duchemin (Pierre) . .	4,260
—	66	Lenepveu-Caron . . .	1,200
St-Pierre-de-Varengeville.	67	Laquerrière et Ce. . .	8,192
—	68	Prevel (Charles). . .	4,700
—	69	Quillou (Germain) . .	4,360
Malaunay.	70	Crosnier (Alfred). . .	13,400
—	71	Delafosse (Louis). . .	2,448
—	72	Delavigne (Alphonse).	15,620
—	73	Lalizel (Léon-Franç.).	1,742
—	74	Lebrasseur	1,728
—	75	Lemoine (Théodore) .	10,400
—	76	Lesœur (Ovide) . . .	3,660
—	77	Neveu (Ernest). . . .	8,770
—	78	Vaussard (Benjamin).	13,640
Le Houlme.	79	Delafosse (Jean) . . .	14,664
—	80	Eustache (Lucien) . .	5,738
—	81	Lemarchand (J.-L.).	5,848
—	82	Levavasseur (James) .	12,416
—	83	Loiselier (Flore). . .	4,204
—	84	Loyer (Lucien). . . .	6,576
—	85	Vallée (Louis-Aug.) .	12,268
Maromme.	86	Burel (Amand). . . .	9,900
—	87	Cordier (Jacques). . .	1,800
—	88	Durand (Jean). . . .	5,800
—	89	Fleury (Louis). . . .	4,500
—	90	Gresland (Constant.).	12,100
—	91	Leseigneur (Pierre). .	17,400
—	92	Lesueur (Jean-Bap.).	7,800
		A reporter. . .	621,526

(*) Il y a erreur de chiffre, il faut lire 7,000.

TABLEAU II (suite).

COMMUNES.	N^os	NOMS DES EXPLOITANTS.	NOMBRE DE BROCHES.
		Report. . .	381,176
St-Léger-du-Bourg-Denis.	44	Piquerel (Edouard). .	8,000
—	45	Renaux (Victor) . . .	4,600
—	46	Rozée (Louis)	400
Canteleu (Bapeaume) . . .	47	Leroy (Félix).	(*) 700
Duclair.	48	Leroux (Louis). . . .	1,200
St-Pierre-de-Varengeville.	49	Chabrol (Louis-Eug.).	7,122
—	50	Lamer (Alfred) . . .	12,000
—	51	Prevel (Charles) . . .	5,528
Malaunay.	52	Berthet (Franç.) . . .	16,140
—	53	Crosnier (Alfred). . .	11,062
—	54	Delafosse (Edmond) .	2,040
—	55	Lalizel (Louis-F.) . .	1,808
—	56	Lebrasseur (Hipp.). .	2,352
—	57	Lesœur (Ovide) . . .	5,712
—	58	Neveu (Frédéric). . .	8,604
—	59	Vaussard (Joseph) . .	7,408
—	60	Vaussard (Victor) . .	5,856
Le Houlme.	61	Ve Delafosse (J.-F.) .	12,816
—	62	Lemarchand (Ed.) . .	11,128
—	63	Levavasseur (Jacq.). .	10,960
—	64	Lhopital (Louis-Et.) .	6,712
—	65	Loyer (Lucien). . . .	7,192
Maromme	66	Leseigneur.	13,500
—	67	Cordier (Désiré). . .	400
—	68	Delaunay (Léon). . .	6,200
—	69	Morel de Beaulieu . .	4,500
—	70	Bazire (Isidore) . . .	4,300
—	71	Gresland (Constant.).	3,100
—	72	Houel (Louis)	360
		A reporter. . .	562,876

(*) Il y a une erreur de chiffre, il faut lire 7,000.

TABLEAU I (suite).

COMMUNES.	Nos	NOMS DES EXPLOITANTS.	NOMBRE DE BROCHES.
		Report. . .	621,526
Maromme.	93	Rosée (Antoine). . .	3,700
—	94	Vaussard (François). .	7,000
N.-Dame-de-Bondeville . .	95	Petit (Alexandre). . .	5,200
— . .	96	Vaussard (Franç.) . .	19,000
Saint-Aubin-Epinay. . . .	97	Deplanque (Guill.) . .	3,480
—	98	Deshais (Jean-Bap.) .	1,200
Monville	99	Deshais (Théodore). .	14,372
—	100	Desmarais (Louis) . .	6,096
—	101	Durand (Jean-Dom) .	4,446
—	102	Fauquet-Lemaître . .	7,800
—	103	Filleul (Thomas). . .	11,070
—	104	Lemaître (Jacques). .	7,700
—	105	Lemoine (Théodore) .	9,120
—	106	Liégault (Marie) . . .	4,576
—	107	Salvé (François) . . .	7,368
Fontaine-le-Bourg	108	Héliot-Leblanc. . . .	5,500
—	109	Deboutteville (Eug.) .	4,248
—	110	Delamare (François) .	27,000
Pavilly.	111	Armand (Auguste) . .	3,900
—	112	Berg (Théodore). . .	6,000
—	113	Delalonde (Alexand.).	2,946
—	114	Delanoe (Constant). .	8,016
—	115	Follâtre (Laurent) . .	8,768
—	116	Lecerf (Désiré) . . .	13,684
—	117	Lefebvre (Jean-L.). .	8,892
—	118	Peschard (Ferdin.), .	6,000
—	119	Quemin (Laurent) . .	4,416
Sainte-Austreberthe. . . .	120	Lefebvre (Pierre). . .	3,900
Grand-Quevilly.	121	Vedie (Guillaume) . .	4,100
Petit-Quevilly	122	Rousselin (Sosthène).	3,000
—	123	Crépet (Narcisse) . .	10,000
—	124	Fourré (Amable). . .	700
. . . . . .	125	Leloup (Charles). . .	1,100
		A reporter. . .	855,794

TABLEAU II (suite).

COMMUNES.	Nos	NOMS DES EXPLOITANTS.	NOMBRE DE BROCHES.
		Report. . .	562,876
N.-Dame-de-Bondeville. .	73	Gresland (Constant.).	15,000
— . .	74	Vaussard (François).	20,200
Saint-Aubin-Epinay. . . .	75	Lefebvre (Juste) . . .	3,600
Monville	76	Decoularé-Delafont^{ne}.	6,888
—	77	Durand (Edmond) . .	5,040
—	78	Ve Duvivier et Vernes.	16,254
—	79	Follâtre (Laurent) . .	8,496
—	80	Liégault (Emile) . . .	4,952
—	81	Papillon frères. . . .	12,192
—	82	Roger (Victorin). . .	5,508
—	83	Salvé (François). . .	7,368
Fontaine-le-Bourg	84	Delamare (Franç.). .	27,996
—	85	Delamare (Louis). . .	9,920
—	86	Héliot-Leblanc. . . .	7,288
—	87	Patin (Adolphe) . . .	4,248
Pavilly	88	Ably (Jacques). . . .	1.700
—	89	Chauvin (Amédée) . .	3,600
—	90	Lasne (Germain). . .	5,728
—	91	Lecerf (Désiré). . . .	13,400
—	92	Lefebvre (Jean) . . .	8,420
—	93	Poirct (Marie). . . .	12,452
Sainte-Austreberthe. . . .	94	Adam (le baron Jul.).	3,900
Grand-Quevilly	95	Lainé (Charles) . . .	3,600
Petit-Quevilly	96	Crépet (Narcisse). . .	10,004
—	97	Dauplcy (François). .	2,640
—	98	Pouyer-Quertier. . .	55,500
—	99	Pinel (Philippe-Aug.).	11,964
		A reporter. . .	850,734

TABLEAU I (suite).

COMMUNES.	Nos	NOMS DES EXPLOITANTS.	NOMBRE DE BROCHES.
		Report. . .	855,794
Petit-Quevilly	126	Mange (François) . .	960
Ry.	127	Hommais (Charles). .	4,594
Tourville-la-Rivière. . . .	128	Hédouin (Jean-Bap.).	400
Saint-Paër.	129	Liégault (Alfred) . . .	3,720
—	130	Prével (Charles) . . .	4,192
Villers-Ecalles	131	Damilaville (Charles).	8,112
—	132	Lainé (Eugène) . . .	5,800
—	133	Mervain (Eugène) . .	7,788
—	134	Michel (Alphonse) . .	6,468
Oissel	135	Bergeret (Clovis) fils.	1,200
—	136	Bergeret (Patrice) fils.	1,900
—	137	Brayer (Charles) fils.	600
—	138	Brayer (Ch.-Guil.). .	1,900
—	139	Carpentier (Antoine).	800
—	140	Dantan (Claude) . . .	1,100
—	141	Dantan (Jean-Bap.) .	1,500
—	142	Déhais (Joannès) fils.	700
—	143	Déhais (Joannès) père.	1,200
—	144	Deshayes (Félix) . . .	3,800
—	145	Deshayes (Napoléon).	3,200
—	146	Dubois (Noé).	200
—	147	Dupré (Pierre). . . .	1,700
—	148	Duteurtre (Elie) . . .	800
—	149	Duteurtre (Jacques). .	400
—	150	Duteurtre (Léonor). .	200
—	151	Duteurtre (Léopold) .	1,200
—	152	Gervais (Jean-Bap.) .	900
—	153	Goujon (Florentin). .	1,700
—	154	Hazet (Dominique). .	2,400
—	155	Lenormand (Charles).	6,900
—	156	Lenormand (Louis). .	1,500
—	157	Lenormand (Pierre) .	2,500
—	158	Lenormand (Thom.) .	1,800
		A reporter. . .	937,928

TABLEAU II (suite).

COMMUNES.	N°s	NOMS DES EXPLOITANTS.	NOMBRE DE BROCHES.
		Report. . .	850,734
Saint-Etienne-du-Rouvray.	100	Martin (Jules)	90,900
Saint-Paër	101	Prevel (Charles) . . .	4,100
Villers-Ecalles	102	Damilaville (Charles).	8,700
—	103	Marvin (Eugène) . . .	7,780
—	104	Poulain (Louis) . . .	5,800
—	105	Terrien (Eugène). . .	6 100
Oissel	106	Bergeret (Clovis) fils.	1 100
—	107	Bergeret (Clovis) fils .	,600
—	108	Bergeret (Patrice) fils.	1 600
—	109	Bergeret (Mlle Reine).	564
—	110	Dantan (Claude). . .	1,600
—	111	Dantan (veuve). . . .	1,536
—	112	Déhais (Jean-Bapt). .	1,700
—	113	Delaunay (Ambroise).	500
—	114	Deshayes (Félix-R.) .	4,500
—	115	Deperrois (Paul). . .	456
—	116	Dubois (Noé).	1,400
—	117	Duteurtre (Elie) . . .	876
—	118	Duteurtre (Léonore) .	400
—	119	Duteurtre (veuve) . .	1,300
—	120	Fauquet (Octave). . .	49,506
—	121	Fleury (Adolphe). . .	600
—	122	Gervais (Fréjus) . . .	600
—	123	Goujon (Florentin). .	1,836
—	124	Lepesqueur (Louis) .	2,200
—	125	Lepesqueur (L.-C.) .	1,700
—	126	Lepesqueur (Noël). .	1,800
—	127	Lepesqueur (veuve) .	4,600
—	128	Martin (Ferdinand). .	480
—	129	Mortreuil (Clovis) . .	1,164
		A reporter. . .	1,056,732

TABLEAU I (suite).

COMMUNES.	N°s	NOMS DES EXPLOITANTS.	NOMBRE DE BROCHES.
		Report. . .	937,928
Oissel	159	Lepesqueur (Hyac.) .	300
—	160	Lepesqueur (Louis) .	2,200
—	161	Lepesqueur (Touss.).	1,000
—	162	Lepesqueur (Pierre).	5,200
—	163	Lepesqueur (Noël). .	1,900
—	164	Lesueur (Louis). . .	1,100
—	165	Martin (Ferdinand). .	1,000
—	166	Mortreuil (Clovis) . .	1,300
—	167	Mortreuil (François) .	3,600
—	168	Neveu (Arsène) . . .	1,100
—	169	Neveu (Ferdinand). .	500
—	170	Neveu (Jean-Bapt.) .	1,100
—	171	Neveu (Romain). . .	600
—	172	Pannier (Maximil.) .	4,700
—	173	Pinel (Sanson). . . .	200
—	174	Plantrou (Charles) . .	4,800
—	175	Plantrou (Ch.-Nicol.).	1,500
—	176	Plantrou (Léon) . . .	2,500
—	177	Potel (Alexandre) . .	1,900
—	178	Potel (Antoine). . . .	5,000
—	179	Potel-Bachelet (V^e^). .	2,400
—	180	Potel (Gabriel). . . .	2,100
—	181	Potel (Louis)	300
—	182	Potel (Thomas). . . .	2,800
—	183	Rossignol	400
Sotteville-lès-Rouen . . .	184	Bertel (Jacques) . . .	1,000
— . . .	185	Sanson frères	10,700
— . . .	186	Morin (Jules)	4,300
— . . .	187	Lemaître frères . . .	10,500
— . . .	188	Lecuyer (Athanase). .	4,600
Déville.	189	Rozée (Alexis). . . .	10,800
—	190	Cordier (Désiré). . .	800
—	191	Leroy (Félix)	12,400
TOTAL de l'arrondissement de Rouen. . .			1,042,528

TABLEAU II (suite).

COMMUNES.	N°s	NOMS DES EXPLOITANTS.	NOMBRE DE BROCHES.
		Report. . .	1,056,732
Oissel	130	Mortreuil (Laurent) .	1,400
—	131	Mortreuil (Pierre) . .	2,018
—	132	Pannier (Dioclétien) .	1,400
—	133	Pannier (Gustave) . .	3,500
—	134	Pannier (Pierre) . . .	6,700
—	135	Pannier (Valentin) . .	864
—	136	Plantrou (Charles) . .	4,500
—	137	Plantrou (C.-Nicolas)	2,000
—	138	Plantrou (Léon) fils . .	4,400
—	139	Potel (Alexandre) . .	8,400
—	140	Potel (Antoine) . . .	2,000
—	141	Potel (Emile)	2,400
—	142	Potel (Léon)	1,800
—	143	Potel (Louis)	396
—	144	Wadswort (Thomas) .	1,200
Sotteville-lès-Rouen . . .	145	Lecuyer (Athanase) . .	4,600
— . . .	146	Lemaître (Eugène) . .	10,500
— . . .	147	Bertel (Jacques) . . .	31,000
— . . .	148	Dehayes (Jean-Bapt.) .	4,700
Déville	149	Leroy (Félix)	13,300
—	150	Rozée (Alexis)	14,000
TOTAL de l'arrondissement de Rouen . . .			1,177,810

TABLEAU I (suite).

COMMUNES.	Nos	NOMS DES EXPLOITANTS.	NOMBRE DE BROCHES.
Arrondissement de Dieppe.			
Bellencombre.	192	Derly (Alphonse). . .	9,302
Rosay	193	Leroy (Amand). . . .	4,584
Sévis.	194	Chevalier-Letellier. .	8,836
Bellengreville.	195	Conseil (Adolphe) . .	7,500
Torcy-le-Petit	196	Quesnel (Henri) . . .	10,520
Torcy-le-Grand.	197	Burel (François). . .	9,408
Auffay	198	Leroy (Michel). . . .	2,700
Arques.	199	Tassel (Alexandre). .	7,200
Saint-Denis-d'Aclon. . . .	200	Larible (Benjamin). .	3,912
Ouville-la-Rivière.	201	Tassel (Edouard). . .	15,804
Hautot-sur-Mer.	202	Berthet (Jacques) . .	6,648
Offranville	203	Lenne (François). . .	2,880
Incheville.	204	Delieuvin (Louis) . .	5,600
Gueures	205	Lenne (François) . .	3,360
Avremesnil.	206	Lenne (François) . .	4,216
Longueville.	207	D'Imblevalle (Ed.) . .	7,708
TOTAL de l'arrondissement de Dieppe. . .			110,178
Arrondissement du Havre.			
Lillebonne	208	Haussmann (Eugène).	24,300
—	209	Lemaître-Levesque .	9,000
—	210	Lemaitre (Gustave). .	8,556
Fécamp	211	Abadie (Alfred) . . .	5,700
—	212	Simonin (François). .	4,676
—	213	Deloyer (Jacques) . .	4,400
—	214	Huet (Jacques). . . .	17,300
Bolbec.	215	Chevalier-Letellier. .	7,400
		A reporter. . .	81,332

TABLEAU II (suite).

COMMUNES.	N^os	NOMS DES EXPLOITANTS.	NOMBRE DE BROCHES.
Arrondissement de Dieppe.			
Torcy-le-Petit.	151	Quesnel (Henri). . .	12,900
Torcy-le-Grand.	152	Burel (Ferdinand) . .	9,500
Saint-Denis-d'Aclon. . . .	153	Larible (Benjamin). .	4,600
Ouville-la-Rivière	154	Tassel (Edouard). . .	19,220
Hautot.	155	Berthet (Jacques) . .	6,408
Offranville	156	Lenne (François) . .	2,880
Incneville.	157	Delieuvin (Louis). . .	768
Arques.	158	Tassel (Eugène) . . .	10,700
Gueures	159	Lenne (François). . .	3,456
Longueville.	160	Lainé (Auguste). . .	5,700
Saint-Crespin	161	D'Imbleval (Ed.). . .	7,970
Bellengreville.	162	Conseil (Adolphe) . .	6,700
Sevis.	163	Renaux (Louis) . . .	9,600
Rosay	164	Leroy (Armand) . . .	4,552
		TOTAL de l'arrondissement de Dieppe. . .	104,954
Arrondissement du Havre.			
Fécamp	165	Handiside (Franck). .	4,864
—	166	Simonin (François). .	4,788
—	167	Hémet (Léon). . . .	3,500
—	168	Handiside (Franck). .	7,264
—	169	Handiside (Franck). .	7,064
Lillebonne	170	Haussmann (Eugène).	23,300
—	171	Lemaistre frères. . .	9,500
—	172	Lemaître (Gustave). .	5,300
		A reporter. . .	65,580

TABLEAU I (suite).

COMMUNES	Nos	NOMS DES EXPLOITANTS.	NOMBRE DE BROCHES.
		Report. . .	81,332
Bolbec.	216	Lemaître (Eugène). .	7,200
—	217	Fauquet-Lemaître . .	36,600
—	218	Fauquet (Alphonse) .	16,700
—	219	Desgenétais (Jean). .	13,.00
Havre	220	Courant (Charles) . .	11,500
Total de l'arrondissement du Havre. . .			167,032
Arrondissement de Neufchatel.			
Saint-Saens	221	Delaplace (Emile) . .	4,800
—	222	Duforestel fils	8,400
Neuville-Ferrières	223	Bohée (Charles) . . .	7,600
Croisy	224	Leverdier (Léonard) .	6,600
—	225	Pallier (Georges). .	6,900
Blangy.	226	Fruitier (Charles) . .	2,300
Total de l'arrondissement de Neufchâtel. . .			36,600
Arrondissement d'Yvetot.			
Vittefleur	227	Souday	5,400
Oherville.	228	Grimaud (Auguste). .	6,960
Saint-Wandrille	229	Cachelen (Edouard). .	3,000
—	230	Pouyer (Emile). . . .	6,036
Clarville	231	Duboc (L.-Barn.) fils.	4,740
Cany.	232	Duboc (Louis). . . .	6,000
—	33	Patrice (Désiré) . . .	7,400
Total de l'arrondissement d'Yvetot. . .			39,536

TABLEAU II (suite).

COMMUNES.	N^os	NOMS DES EXPLOITANTS.	NOMBRE DE BROCHES.
		Report. . .	65,580
Bolbec.	173	Chevallier-Letellier. .	7,460
—	174	Lemaître (Eugène) . .	13,136
—	175	Fauquet-Lemaître . .	31,634
—	176	Desgenétais (Augus.)	16,348
—	177	Pimont (Anatole). . .	5,936
—	178	Lemaitre.	16,202
Havre	179	Courant.	11,500
Total de l'arrondissement du Havre. . .			167,796
Arrondissement de Neufchâtel.			
Saint-Saens	180	Duforestel fils	8,400
—	181	Renaux (Numa) . . .	5,100
Croisy	182	Palher (Georges). . .	6,936
Total de l'arrondissement de Neufchâtel. . .			20,436
Arrondissement d'Yvetot.			
Oherville.	183	Grimard (Auguste) . .	7,200
Saint-Wandrille-Rançon. .	184	Pouyer (Emile) . . .	6,036
Cany.	185	Patrice (Désiré) . . .	7,100
Total de l'arrondissement d'Yvetot. . .			20,336

DÉPARTEMENT DE L'EURE

TABLEAU III.

FILATURES DE COTON EN MARCHE AU 1er JANVIER 1861.

COMMUNES.	Nos	NOMS DES EXPLOITANTS.	NOMBRE DE BROCHES.
Radepont.	1	Lachèvre (Alexandre).	18,100
Perriers-sur-Andelle . . .	2	Debas (François). . .	6,700
— . . .	3	Colboc (Victor-Ad.) .	
— . . .	4	Durécu (Désiré) . . .	6,800
— . . .	5	Jorre (Claude-Flor.) .	10,200
Perruel	6	Fauquet (Louis-F.) .	14,400
—	7	Pouyer-Quertier (A.).	15,000
Menesqueville	8	Dupont (David) . . .	2,600
—	9	Grancher (Léon). . .	7,400
Charleval.	10	Brayer (Auguste) . .	3,700
—	11	Conseil (Nicolas). . .	7,000
—	12	Grancher (Louis). . .	6,800
—	13	Hermann (Joseph). .	4,300
—	14	Marchandon (Jacq.) .	9,900
Fleury-sur-Andelle	15	Lainé (Edouard) . . .	17,200
Rosay	16	Gérard (Jean-Bapt.) .	2,300
Vascœuil.	17	Pouyer-Quertier fils.	10,400
Romilly-sur-Andelle . . .	18	Lecomte (Nicolas) . .	10,000
Douville	19	Levavasseur (Ch.) . .	14,500
Pont-Saint-Pierre	20	Delamarre (Narcisse).	9,700
—	21	Lavavasseur (Charl.).	5,300
Bernay.	22	Guiot (Adrien). . . .	5,900
—	23	Leboullenger (Arm.) .	1,800
—	24	Vy (Eugène-August.).	6,600
—	25	Sevaistre (Paul) . . .	2,500
Menneval	26	Leboullenger.	6,600
Fontaine-l'Abbé	27	Lucas (César)	10,900
St-Laurent-du-Tencement.	28	Petit (Philbert) . . .	2,200
Broglie.	29	Pelcot (Alphonse) . .	3,100
		A reporter. . .	221,900

TABLEAU IV.

FILATURES DE COTON EN MARCHE AU 1er JANVIER 1869.

COMMUNES	Nos	NOMS DES EXPLOITANTS.	NOMBRE DE BROCHES.
Radepont.	1	Lachèvre (Alexand.) .	18,216
Perriers-sur-Andelle . . .	2	Colboc (Victor-Ad.) .	7,400
— . . .	3	Jorre (Claude). . . .	10,600
Perruel	4	Fauquet (Cléry) . . .	14,700
—	5	Pouyer-Quertier (A.).	16,300
Menesqueville	6	Dupont (Louis-Jean).	1,500
—	7	Grancher (Léon) . . .	8,200
Charleval.	8	Fontaine (Modeste). .	2,700
—	9	Grancher (Louis). . .	7,100
. . . .	10	Grancher (Félix). . .	
—	11	Marchandon (Jacq.) .	9,900
Fleury-sur-Andelle. . . .	12	Lainé (Edouard). . .	12,700
Rosay	13	Gérard (Jean-Bap.). .	1,800
Vascœuil.	14	Pouyer-Quertier fils .	10,300
Romilly-sur-Andelle . . .	15	Lecomte (Nicolas) . .	10,400
Pont-Saint-Pierre	16	Leseigneur (Albert) .	9,700
Bernay.	17	Sevaistre (Paul) . . .	3,560
—	18	Sevaistre (Jules). . .	
—	19	Sevaistre (Léon). . .	
Menneval	20	De Boutteville	3,158
—	21	Leguerney (Georges).	6,028
Fontaine-l'Abbé	22	Lucas (César)	27,600
Broglie.	23	Gardin (Louis). . . .	5,100
—	24	Pelcot (Alphonse) . .	5,300
		A reporter. . .	191,902

TABLEAU III (suite).

COMMUNES.	Nos	NOMS DES EXPLOITANTS.	NOMBRE DE BROCHES.
		Report. . .	221,900
Ferrière-Saint-Hilaire . .	30	Robillard (Alexand) .	5,400
Saint-Quentin-des-Iles . .	31	Robillard (Alexand.).	4,600
Serquigny	32	Bayvel (Lucile) . . .	5,000
—	33	Sement (Pierre) . . .	15,300
—	34	Sement (P.) fils . . .	
Beaumontel.	35	Vaussard (Benjamin).	8,600
Launay-Bigard	36	Morin (Louis)	5,300
Nassandre	37	Dantan (Samson). . .	2,500
—	38	Desray (François) . .	8,300
Brionne	39	Boucher (César) . . .	5,000
—	40	Despoisse (Sénateur).	6,500
—	41	Duret (Maximilien). .	27,600
—	42	Groult (Adolphe). . .	7,400
—	43	Lemoine (Jean-Sim.).	6,000
Montfort.	44	Burel (Marcel). . . .	5,750
Saint-Germain-Village. . .	45	Bairl (Pierre-Tranq.).	2,700
Saint-Maclou.	46	Fauquet (Jacq.-Alf.) .	15,376
Corneville-sur-Risle . . .	47	Philippe et Ce	14,800
Selles	48	Baril (Pierre)	608
Charleval.	49	Peynaud (Edmond) .	8,700
Fleury-sur-Andelle. . . .	50	Pouyer-Quertier père.	7,800
—	51	Pouyer-Quertier fils .	
—	52	Stoësser (Charles) . .	5,400
Romilly-sur-Andelle. . . .	53	Peynaud (Louis-Ad.).	10,000
		A reporter. . .	400,534

TABLEAU IV (suite).

COMMUNES.	N°s	NOMS DES EXPLOITANTS.	NOMBRE DE BROCHES.
		Report. . .	191,902
Ferrière-Saint-Hilaire. . .	25	Robillard (Alexand.) .	5,000
Saint-Quentin-des-Iles . .	26	Avisse (Louis-Victor).	5,300
Serquigny	27	Lucas (César)	6,614
—	28	Sement (Adolphe) . .	1,600
—	29	Sement (Jules). . . .	
—	30	Vy (Ve Eug.-August.).	9,500
Beaumontel	31	Vaussard (Benjamin).	8,840
Launay.	32	Morin (Louis)	5,400
Nassandre	33	Desray (Franç.-Hip.).	8,200
Brionne	34	Despoisses (Sénat.) .	6,700
—	35	Duret (Maximilien). .	31,800
—	36	Duret (Charles) . . .	
—	37	Leclerc (Ulysse) . . .	6,800
—	38	Lemoine (Édouard). .	3,800
—	39	Lemoine (Emile). . .	6,400
—	40	Sement (Arsène). . .	4,700
Montfort.	41	Burel (Marcel). . . .	5,700
Saint-Maclou.	42	Fauquet (Jacq.-Alf.) .	15,756
—	43	Prevost (Jacques) . .	
Corneville-sur-Risle . . .	44	Philippe (Arm.) . . .	19,568
Nonancourt.	45	De Vansay.	2,400
—	46	Roger (Edouard). . .	1,044
Fontaine-la-Soret	47	Lemoine (Joseph) . .	15,200
Fortmoville.	48	Fauquet (Jacq.-Alf.).	600
Charleval.	49	Peynaud (Edmond). .	11,000
Fleury-sur-Andelle	50	Pouyer-Quertier (A.).	10,100
—	51	Stoesser (Charles) . .	6,100
—	52	Pouyer-Quertier fils .	14,400
—	53	Léonard (Augustin) .	
		A reporter. . .	404,424

TABLEAU III (suite).

COMMUNES.	N^os	NOMS DES EXPLOITANTS.	NOMBRE DE BROCHES.
		Report. . .	400,534
Gisors	54	Davillers (Edouard). .	15,000
—	55	Davilliers (Alfred) . .	
—	56	Davilliers (Joseph) . .	
—	57	Gibert-Bressole . . .	
Broglie.	58	Pesnel (Gratien). . .	4,400
Authou.	59	Oderien (Hubert) . .	1,500
		TOTAL. . .	421,434

TABLEAU IV (suite).

COMMUNES.	Nos	NOMS. DES EXPLOITANTS	NOMBRE DE BROCHES
		Report. . .	404,424
Romilly-sur-Andelle . . .	54	Peynaud (Gustave). .	10,000
—	55	Peynaud (Henri). . .	
—	56	De Gonvreville. . . .	
Gisors	57	Davilliers (Edouard) .	10,560
—	58	Champy (Paul). . . .	
Menneval	59	Cicille (Antoine). . .	4,800
—	60	Cicille fils et Edmée.	
		TOTAL. . .	429,784

TABLEAU V.

1859.

RÉCAPITULATION PAR ARRONDISSEMENT.

	BROCHES.
Rouen	1,042,528
Dieppe	110,178
Havre	167,032
Neufchâtel	36,600
Yvetot	39,536
Total général.	1,395,874

TABLEAU VI.

1868.

RÉCAPITULATION PAR ARRONDISSEMENT.

	BROCHES.
Rouen	1,177,811
Dieppe	104,954
Havre	167,796
Neufchâtel	20,436
Yvetot	20,336
Total général	1,491,333

TABLEAU VI bis.

FILATURES DE COTON DANS LA BASSE-NORMANDIE EN 1869.

			BROCHES.
Orne,	circonscrip. de	Flers	115,000
Calvados,	—	Falaise.	150,000
—	—	Lisieux, Chapelle-Groult . . .	6,000
—	—	Mesnil-Guillaume	3,000
—	—	St-Jacques-de-Lisieux	4,600
—	—	Croissanville	9,000
—	—	Ouillie.	3,700
—	—	Breuil	6,500
		TOTAL.	297,800

DÉPARTEMENT DE LA SEINE-INFÉRIEURE

TABLEAU VII.

TISSAGES MÉCANIQUES IMPOSÉS AU 31 DÉCEMBRE 1859.

COMMUNES.	Nos	NOMS DES EXPLOITANTS.	NOMBRE DE MÉTIERS.
Arrondissement de Rouen.			
Rouen :			
Place du Champ-de-Mars.	1	Levavasseur (Jacq.) .	435
Rue Orbe, 17 et 21. . . .	2	Quesney (Jules) . . .	128
Rue Sablée, 1	3	Fauquet-Lemaître . .	540
Route de Caen, 13	4	Duboc (Pierre-Aim.).	541
— 35	5	Deloys (Jean-Fern.) .	116
Rue Tous-Vents	6	Hérisson (Louis). . .	174
Rue Saint-Julien, 44 et 46.	7	Fourray (Jacques) . .	158
Rue d'Elbeuf, 89.	8	Camentron (veuve). .	252
— 68.	9	Poutillon (Emélie) . .	184
— 44 et 42. .	10	Harel (Victor)	204
Rue de Grammont, 29. . .	11	Rivière (Arsène). . .	184
— 24. . .	12	Burel (Amand). . . .	266
Barentin	13	Delanoë (Constance) .	174
—	14	Gaillard et Ce.	220
Darnétal	15	Huet-Langlois (Ve). .	263
—	16	Manchon (Albert) . .	100
—	17	Rousée (Emmanuel) .	312
Le Houlme.	18	Vallée (Auguste) . . .	112
N.-Dame-de-Bondeville. .	19	Vaussard (François) .	480
Blosseville-Bonsecours . .	20	Debu (Pierre) fils . .	122
Monville	21	Deshaies (Théodore) .	168
Pavilly	22	Adam (baron André) .	250
Grand-Quevilly	23	Vedie (Guillaume) . .	100
		A reporter. . .	5,483

TABLEAU VIII.

TISSAGES MÉCANIQUES IMPOSÉS AU 31 DÉCEMBRE 1868.

COMMUNES.	N°s	NOMS DES EXPLOITANTS	NOMBRE DE MÉTIERS.
Arrondissement de Rouen.			
Rouen :			
Rue des Petites-Eaux . . .	1	Fromage (Lucien) . .	30
Rue Descroizilles	2	Gamblon (Jules) . . .	60
Place du Champ-de-Mars .	3	Levavasseur (Jacq.) .	425
Rue Orbe, 17 et 21. . . .	4	Quesney (Jules) . . .	135
Rue Sablée, 3	5	Lemarchand (Louis) .	536
Route de Caen, 13	6	Duboc frères.	541
— 35. . . .	7	Deloys (Jean-Ferd.)	226
Rue des Brouettes, 39 b. .	8	Goulon (Auguste) . .	62
Rue d'Elbeuf, 111	9	Burel (Amand). . . .	314
— 80	10	Ve Camentron et Aubé.	248
— 68	11	Harel (Jacques) . . .	216
— 44 et 42. .	12	Lefebvre Stanislas). .	205
Rue de Grammont, 23. . .	13	Rivière (Jacques) . .	442
— 24. . .	14	Harel (Jules).	240
Rue de la Ferme	15	Keittinger (Jules). . .	211
Barentin	16	Delanoë (Constant). .	180
—	17	Gaillard et Cie	396
Darnétal	18	Fromage (Lucien) . .	430
—	19	Graffeuil (Joseph) . .	165
—	20	Loiseau (Ernest). . .	40
—	21	Manchon (Albert). . .	154
—	22	Rousée (Emmanuel) .	312
Malaunay.	23	Crosnier (Alfred). . .	84
N.-Dame-de-Bondeville. .	24	Vaussard (François) .	516
Blosseville-Bonsecours . .	25	Debu (Pierre)	122
Monville	26	Crosnier (Alfred) . .	188
Pavilly.	27	Adam (baron Jules) .	250
Grand-Quevilly.	28	Lainé (Charles) . . .	146
		A reporter. . .	6,874

TABLEAU VII (suite).

COMMUNES.	Nos	NOMS DES EXPLOITANTS.	NOMBRE DE MÉTIERS.
		Report. . .	5,483
Maromme	24	Leseigneur (Pierre) .	83
Sotteville.	25	Etienne (Jeune) . . .	118
—	26	Lemaître frères. . . .	226
—	27	Bertel (Jacques) . . .	360
—	28	Hilzinger frères . . .	150
TOTAL de l'arrondissement de Rouen. . .			6,420
Arrondissement de Dieppe.			
Torcy-le-Grand.	29	Burel (François). . .	153
Sauqueville.	30	Larible (Benjamin). .	136
Hautot-sur-Mer	31	Larible (Benjamin). .	154
Eurville	32	Larible (Charles). . .	40
TOTAL de l'arrondissement de Dieppe. . .			483
Arrondissement du Havre.			
Fécamp	33	Abadie (Alfred). . . .	50
—	34	Coudray (Denis) . . .	32
Montivilliers	35	Lesueur (Victor). . .	156
Lillebonne	36	Desgénetais (Jean) . .	300
—	37	Haussmann (Eugène).	380
—	38	Lemaître (Alfred) . .	190
—	39	Lemaître (Gustave). .	260
		A reporter. . .	1,368

TABLEAU VIII (suite).

COMMUNES	N°s	NOMS DES EXPLOITANTS.	NOMBRE DE MÉTIERS.
		Report. . .	6,874
St-Etienne-du-Rouvray. .	29	Martin (Jules)	563
Maromme	30	Leseigneur (Pierre) .	115
Déville.	31	Long (Willfrid). . . .	32
Sotteville.	32	Lemaitre (Eugène). .	226
—	33	Travers (Alphonse). .	153
—	34	Bertel (Jacques) . . .	384
—	35	Hilzinger (Michel) . .	163
Total de l'arrondissement de Rouen. . .			8,510
Arrondissement de Dieppe.			
Torcy-le-Grand.	36	Burel (Ferdinand) . .	153
Sauqueville.	37	Larible (Benjamin). .	175
Hautot.	38	Larible (Benjamin). .	154
Eurville	39	Berthet (Jacques) . .	120
Total de l'arrondissement de Dieppe. . .			602
Arrondissement du Havre.			
Fécamp	40	Coudray (Denis) . . .	167
Montivilliers	41	Duc (Auguste). . . .	75
—	42	Lesueur (Victor) . .	180
Lillebonne	43	Desgénetais (Aug.) . .	300
—	44	Haussmann (Eugène).	442
—	45	Lemaistre frères . . .	480
—	46	Lemaitre (Ve Alfred) .	234
		A reporter. . .	1,878

TABLEAU VII (suite).

COMMUNES.	N°s	NOMS DES EXPLOITANTS.	NOMBRE DE MÉTIERS.
		Report. . .	1,368
Lillebonne	40	Lévesque (Félix). . .	460
Gruchet-le-Valasse	41	Desgénetais (Jean) . .	200
Bolbec	42	Daniel (Athanase) . .	80
—	43	Lemaitre (Alphonse) .	256
—	44	Desgénetais (Jean) . .	200
—	45	Gamelin (Pierre). . .	80
—	46	Huet (Gustave). . . .	198
Lanquetot	47	Lemonnier (Emile). .	132
Havre	48	Courant (Charles) . .	350
TOTAL de l'arrondissement du Havre. . .			3,324

TABLEAU VIII (suite).

COMMUNES.	Nos	NOMS DES EXPLOITANTS.	NOMBRE DE MÉTIERS.
		Report. . .	1,878
Lillebonne	47	Lemaître (Gustave) .	258
—	48	Toutain (Jean). . . .	124
St-Eustache-la-Forêt . . .	49	Bonnard (Prosper). .	180
Gruchet-le-Valasse	50	Desgénetais (Aug.). .	264
Bolbec	51	Chevallier-Letellier. .	144
—	52	Daniel (Athanase) . .	80
—	53	Lemaître (Eugène). .	324
—	54	Fauquet-Lemaître . .	252
—	55	Desgénetais (Aug.). .	242
—	56	Lecourt (Pierre) . . .	120
—	57	Lemaître (Alphonse) .	258
Lanquetot	58	Lemonnier (E. et Eug.)	38
Havre	59	Courant	350
TOTAL de l'arrondissement du Havre. . .			4,512
Arrondissement d'Yvetot.			
Vibeuf.	60	Barré (Jean).	45

TABLEAU IX.

1859.

RÉCAPITULATION PAR ARRONDISSEMENT.

	MÉTIERS.
Rouen	6,420
Dieppe	483
Havre	3,324
Yvetot	»
Total général.	10,227
Métiers à bretelles, répartis en 2 atel.	447
	9,780

TABLEAU X.

1868.

RÉCAPITULATION PAR ARRONDISSEMENT.

	MÉTIERS
Rouen	8,510
Dieppe	602
Havre	4,512
Yvetot	45
Total général	13,669
Métiers à bretelles, répartis en 3 atel.	902
	12,767

TABLEAU X bis.

TISSAGES DE COTON DANS LA BASSE-NORMANDIE.

				MÉTIERS.
Orne,	circonsc.	de Flers,	métiers à bras	15,000
—	—	—	mécaniques	400
Calvados,	—	Falaise,	mét. à bras pour tissus. .	350
—	—	—	mét. à bonneterie (à bras).	1,450
—	—	—	— (mécan.).	150
			TOTAL.	17,350

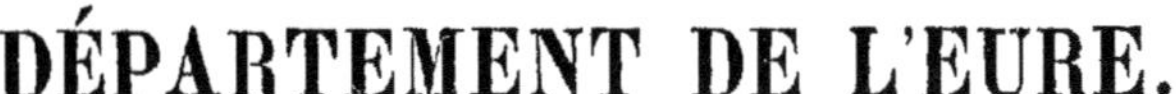

DÉPARTEMENT DE L'EURE.

TABLEAU XI.

TISSAGES DE COTON EN MARCHE AU 1er JANVIER 1861.

COMMUNES.	Nos	NOMS DES EXPLOITANTS.	NOMBRE DE MÉTIERS.
Charleval.	1	Peynaud (Edmond). .	220
—	2	Hilzinger (Etienne). .	
—	3	Hilzinger (Jean) . . .	270
—	4	Hilzinger (Michel) . .	
—	5	Colboc	150
—	6	Debas (François). . .	
Fleury-sur-Andelle. . . .	7	Pouyer-Quertier père.	175
—	8	Pouyer-Quertier fils .	
—	9	Stoësser (Charles) . .	108
Romilly-sur-Andelle . . .	10	Peynaud (Louis-Ad.).	212
Gisors.	11	Davilliers (Edouard) .	
—	12	Davilliers (Alfred) . .	200
—	13	Davilliers (Joseph). .	
—	14	Gibert-Bressole . . .	
Broglie.	15	Pesnel (Gratien). . .	20
Authou.	16	Oderien (Hubert) . .	73
Nonancourt.	17	Wadington (Fréd.). .	286
—	18	Wadington (Thomas).	
Neaufles-St-Martin. . . .	19	Davilliers (Edmond) .	
—	20	Davilliers (Alfred) . .	360
—	21	Davilliers (Joseph) . .	
—	22	Gibert-Bressole . . .	
Bernay.	23	Masselin (Jean-Bap.).	
—	24	Masselin (Théodore) .	240
—	25	Masselin (Florentin) .	
—	26	Pesnel (Gratien). . .	240
Menneval.	27	Cicille (Antoine) . . .	134
Montreuil	28	Cosse (Auguste) . . .	37
St-Philbert-sur-Risle. . .	29	Faillot (Severin) . . .	516
		TOTAL. . . .	3,241

TABLEAU XII.

TISSAGES DE COTON EN MARCHE AU 1er JANVIER 1869.

COMMUNES.	Nos	NOMS. DES EXPLOITANTS.	NOMBRE. DE MÉTIERS
Charleval.	1	Peynaud (Edmond). .	224
—	2	Colboc (Victor). . . .	178
—	3	Hilzinger (Etienne). .	336
Fleury-sur-Andelle. . . .	4	Pouyer-Quertier (A.).	178
—	5	Stoësser (Charles) . .	156
—	6	Pouyer-Quertier fils .	
—	7	Léonard (Augustin). .	
Romilly-sur-Andelle . . .	8	Peynaud (Gustave). .	
—	9	Peynaud (Henri). . .	216
—	10	De Gonvreville. . . .	
Gisors	11	Davilliers (Edouard) .	400
—	12	Champy (Paul). . . .	
Menneval.	13	Cicille (Antoine) . . .	75
—	14	Cicille fils et Edmée .	
Nonancourt.	15	Wadington (Fréd.). .	240
—	16	Wadington (Thomas).	
Neaufles-St-Martin	17	Davilliers (Edouard) .	240
—	18	Champy (Paul). . . .	
Bernouville.	19	Lautin (Gustave). . .	90
Bernay.	20	Defougy (Placide) . .	100
—	21	Masselin (Théodore) .	90
Montreuil	22	Fosse (Auguste) . . .	20
St-Pierre-de-Cesnières . .	23	Dubuc (veuve). . . .	16
Trinité-de-Réville	24	Leroy (Eugène) . . .	26
Thiberville	25	Léeuyer (Cyriaque). .	36
Duranville	26	Rogeray (Prosper) . .	19
St-Philbert-sur-Risle . . .	27	Hilzinger (Frédéric) .	536
Evreux	28	Boisard	50
—	29	Lauvray	35
		TOTAL. . .	3,261

TABLEAU XIII.

IMPRIMERIES D'ÉTOFFES IMPOSÉES AU 31 DÉCEMBRE 1859.

COMMUNES.	N°s	NOMS DES EXPLOITANTS.	TABLES.	MACHINES à 1 couleurs.	MACHINES à 2 couleurs.	MACHINES à 3 couleurs.	MACHINES à 4 couleurs.	PERROTINES à 1 couleurs.	PERROTINES à 2 couleurs.	PERROTINES à 3 couleurs.	PERROTINES à 4 couleurs.
Arrondissement de Rouen.											
Rouen : pl. St-Hilaire.	1	Pimont (Jules)	25	»	»	1	1	»	»	2	»
Darnétal.	2	Bouffet (Pierre)	50	»	»	»	»	1	1	1	»
—	3	Kœchlin (Abraham) . .	75	»	»	1	»	»	»	1	»
—	4	Lamy (François) . . .	54	»	»	1	»	»	1	2	»
—	5	Marie (Pierre).	58	1	»	»	»	»	»	2	»
St-Léger-du-Bourg-D.	6	Edeline (Gustave). . .	4	1	»	»	»	»	1	»	»
Roncherolles	7	Fumery (Charles). . .	35	»	1	»	»	»	»	1	»
Canteleu : Bapeaume .	8	Barbet.	52	»	»	»	3	»	»	2	»
— — . .	9	Braun (Guillaume) . .	27	1	»	»	1	1	»	5	»
— — . .	10	Derbanne (Joseph) . .	36	»	1	1	»	»	»	2	»
— — . .	11	Lemaignant (Alex.) . .	44	»	»	1	»	»	»	»	»
— — . .		Wulvérick (lainage). .	107	»	»	»	»	»	»	»	3
Malaunay	12	Hazard (Narcisse). . .	»	»	»	»	4	»	»	»	»
Maromme.	13	Besselièvre	14	1	»	1	1	»	»	2	»
—	14	Deneuve (Ursin) . . .	22	»	1	»	»	»	»	1	»
—	15	Henry (Charles). . . .	11	1	»	»	»	»	»	2	»
—	16	Rhem (Jacques). . . .	12	»	»	1	1	»	»	2	»
N.-D.-de-Bondeville. .	17	Déruque (Adolphe) . .	»	1	»	»	»	2	»	»	»
— . .	18	Raupp (Albert)	24	»	1	1	1	»	»	»	»
Amfreville-la-Mivoie.	19	Daniel (Jules).	»	2	»	»	»	»	1	»	»
—	20	Keittinger (François) .	50	1	»	2	1	»	»	»	»
St-Aubin-Epinay . . .	21	Lacassaigne (Franç.) .	20	»	»	2	»	»	1	»	»
— . . .	22	Stackler (Henri). . . .	15	»	1	1	»	»	1	1	»
Déville.	23	Long (Wilfrid).	17	»	»	»	»	»	»	2	»
—	24	Fauquet (Daniel) . . .	»	1	»	1	1	»	»	3	»
—	25	Fauquet (Ernest) . . .	14	»	1	»	2	»	»	3	»
—	26	Bardin (Henri).	129	1	»	»	3	»	1	5	1
—	27	Gaillard (Jacques). . .	»	»	»	»	»	1	»	»	»
—	28	Tassel (Augustin) . . .	6	»	»	»	1	»	»	»	»
		TOTAL. . .	901	11	6	14	20	5	7	39	4
Arrondissement du Havre.											
Bolbec.	29	Lecaron-Collen	19	»	»	»	»	2	1	»	»
—	30	Lemaître frères	250	»	»	2	1	»	»	»	»
—	31	Pertuzon (veuve) . . .	»	1	»	1	»	1	»	3	»
—	32	Wingaert (Joseph) . .	»	1	»	»	»	»	»	1	»
		TOTAL. . .	269	2	»	3	1	3	1	4	»

TABLEAU XIV.

IMPRIMERIES D'ÉTOFFES IMPOSÉES AU 31 DÉCEMBRE 1868.

COMMUNES	N°	NOMS DES EXPLOITANTS.	TOTAL	MACHINES à 1	2	3	4	6 couleurs.	PERROTINES à 1	2	3	4 couleurs.
Arrondissement de Rouen.												
Darnétal	1	Huet (Pierre). . . .	160	1	»	1	»	»	»	»	»	»
—	2	Lamy (Charles). . .	54	»	»	1	»	»	»	2	2	»
St-Léger-du-Bourg-D.	3	Edeline (Gustave). .	50	2	»	»	»	»	»	»	»	»
Canteleu : Bapeaume .	4	Cordier (Alphonse).	27	1	»	»	1	»	1	»	5	»
— — . .	5	Daniel (Emile). . .	»	»	»	»	»	»	1	»	»	»
— — . .	6	Lemaignent (Alex.)	44	»	»	1	»	»	»	»	»	»
— — . .		Wulvérick (laine).	167	»	»	»	»	»	»	»	»	3
Malaunay	7	Hazard (Narcisse). .	»	»	»	»	1	»	»	»	»	»
Maromme		Chuffray (lainage). .	7	1	2	»	»	»	»	»	2	»
—	8	Henry (Charles). . .	15	1	»	»	»	»	»	»	2	»
—	9	Rhem (Léon). . . .	»	»	»	1	»	»	»	»	1	»
—	10	Bessehèvre (Char.).	14	1	»	1	1	»	»	»	[illegible]	»
N.-D.-de-Bondeville. .	11	Rondeaux (Henri) .	24	»	1	1	2	»	»	»	»	»
Amfreville-la-Mivoie .	12	Keittinger (Charl.) .	8	1	1	»	3	»	»	»	»	»
St-Aubin-Epinay . . .	13	Lacassaigne (Ant.) .	6	»	»	2	»	»	»	1	»	»
— . . .	14	Stackler (Henri) . .	25	»	»	1	1	»	1	»	1	»
Déville	15	Long (Wilfrid) . . .	20	»	»	»	»	»	»	»	[illegible]	»
—	16	Adenat (Fazile) . .	»	1	»	1	1	»	»	»	3	»
—	17	Tassel (Augustin) .	»	»		»	1	»	»	»	»	»
—		Vanechep (lainage).	»	1	»	1	»	»	»	»	»	»
—	18	Bardin (Pierre). .	50	»	»	»	3	1	»	»	3	1
		TOTAL. . .	551	10	4	11	18	1	3	3	21	4
Arrondissement du Havre.												
Bolbec.	19	Lecarron-Callen et Pelcerf.	5	»	»	»	»	»	5	2	»	»
—	20	Lemaitre (Alph.). .	20	»	»	2	1	»	»	»	»	»
		TOTAL. . .	577	»	»	2	1	»	5	2	»	»

9

TABLEAU XV.

PRODUCTION ANNUELLE DE L'INDIENNE (1869).

CHIFFRES DÉCLARÉS.

MM. A.	60,000	pièces de 100 mèt.
B.	40,000	—
C.	120,000	—
D.	40,000	—
E.	40,000	—
F.	24,000	—
G.	135,000	—
H.	27,000	—
I.	10,000	—
J.	25,000	—
K.	110,000	—
L.	7,000	—
M.	32,000	—
N.	25,000	—

CHIFFRES APPROXIMATIFS.

MM. O.	30,000	pièces de 100 mèt.
P.	12,000	—
Q.	20,000	—
R.	5,000	—
S.	10,000	—
T.	20,000	—
U.	45,000	
TOTAL. . . .	837,000	pièces de 100 mèt.

TABLEAU XVI.

FABRICANTS DE DOUBLURES.

MM. A.	Fr.	2,000,000
B.		1,000,000
C.		1,500,000
D.		600,000
E.		600,000
F.		1,800,000
G.		500,000
H.		300,000
I.		600,000
J.		600,000
	TOTAL.	9,500,000

TABLEAU XVII.

PRIX COMPARATIF DES PRINCIPAUX PRODUITS CHIMIQUES ET MATIÈRES TINCTORIALES.

	100 KIL.			
	ANGLETERRE.		FRANCE.	
Arseniate de soude (bi)	50	»	75	»
Bicarbonate de soude.	27	»	35	»
Bois de Lima en bûches	35	»	40	»
— — moulu	42	»	55	»
— de Fernambouc moulu	74	»	90	»
— de Fustel moulu	17	»	30	»
Cachou en carreau	59	»	65	»
Cristaux de soude	13	»	16	»
Sel de soude	23	»	33	»
Chlorure de chaux sec	26	»	35	»
Chlorure de cuivre cristalisé	208	»	250	»
Chlorure d'étain	208	»	240	»
Chromate rouge de potasse	110	»	125	»
Crème de tartre	234	»	275	»
Galle (noix)	246	»	300	»
Lessive de soude 36°	20	»	30	»
Nitrate de plomb.	81	»	90	»
Nitrate de soude.	40	»	45	»
Nitrate de potasse	62	»	80	»
Nitrate cuivre cristallisé.	210	»	250	»
Oxymuriate d'étain.	115	»	132	50
Savon blanc	84	»	110	»
Sulfate d'alumine.	17	»	27	»
Sulfate de fer	7	»	9	»
A reporter. . .	2,008	»	2,437	50

TABLEAU XVII (suite).

	100 KIL.			
	ANGLETERRE.		FRANCE.	
Report. . . .	2,008	»	2,437	50
Sulfate de cuivre.	59	»	68	»
Sulfate de soude.	7	»	20	»
Silicate de soude 40°.	20	»	31	»
Sel ammoniac	94	»	100	»
Stanate de soude sec.	140	»	170	»
TOTAUX.	2,328	»	2,826	50
Différence.			498	50

TABLEAU XVIII.

1859.

RÉCAPITULATION PAR ARRONDISSEMENT.

	TABLES.	MACHINES. à				PERROTINES à			
		1	2	3	4	1	2	3	4
		couleurs.				couleurs.			
Rouen.	794	11	6	14	20	5	7	37	1
Havre.	269	2	»	3	1	3	1	4	»
32 Fabricants . .	1,063	13	6	17	21	8	8	41	1
1 Imprimeur de lainages . . .	107	»	»	»	»	»	»	2	3
Totaux. . . .	1,170	13	6	17	21	8	8	43	4

TABLEAU XIX.

1868.

RÉCAPITULATION PAR ARRONDISSEMENT.

	TABLES.	MACHINES à 1 couleurs.	2	3	4	6	PERROTINES à 1 couleurs.	2	3	4
Rouen.	437	8	2	11	18	1	3	3	24	1
Havre	26	»	»	2	1	»	5	2	»	»
20 Fabricants .	463	8	2	13	19	1	8	5	24	1
3 Imprimeurs de lainages . .	114	2	2	»	»	»	»	»	»	3
Totaux. . .	577	10	4	13	19	1	8	5	24	4

TABLEAU XX.

INDIENNERIES AYANT CESSÉ LEUR TRAVAIL DEPUIS 1859 (1).

COMMUNES.	Nos	NOMS.	TABLES	MACHes coul.	PERROt
Seine-Inférieure.					
Rouen	1		25	4	2
Darnétal	2		50	»	3
—	3		58	1	2
Roncherolles	4		35	1	1
Déville	5		52	3	2
Canteleu	6		36	2	2
Maromme	7		22	1	1
Bondeville	8		»	1	2
Déville	9		14	3	3
—	10		»	»	1
Bolbec	11		»	2	4
—	12		»	1	1
Eure.					
Charleval	13		5	2	1
		TOTAL	297	21	25

(1) On comprend que nous nous soyons renfermés dans cette simple indication ; il nous était impossible de distinguer parmi les causes et les résultats, qu'il s'agit d'une liquidation volontaire, ou amiable, ou forcée, ou judiciaire. Loin de nous donc la pensée d'établir la moindre similitude dans les situations ou un rapprochement qui serait offensant pour qui que ce soit. Dans l'étude qui nous occupe, nous nous bornons à constater un simple fait industriel : *la cessation du travail*. Cette observation s'applique également à la filature et au tissage.

TABLEAU XXI.

MÉTIERS A BRAS DITS DE ROUENNERIE IMPOSÉS AU 31 DÉCEMBRE 1859.

RÉCAPITULATION PAR ARRONDISSEMENT.

	FABRICANTS.	MÉTIERS.
	—	—
Rouen.	161	13,258
Dieppe	49	1,182
Havre.	38	4,726
Neufchâtel.	2	37
Yvetot.	100	10,195
Total du département. . .	350	29,398

TABLEAU XXII.

MÉTIERS A BRAS DITS DE ROUENNERIE IMPOSÉS AU 31 DÉCEMBRE 1868.

RÉCAPITULATION PAR ARRONDISSEMENT.

	FABRICANTS.	MÉTIERS.
Rouen	128	8,290
Dieppe	52	1,180
Havre	44	5,627
Neufchâtel	»	»
Yvetot	98	7,573
TOTAL du département	322	22,670

TABLEAU XXIII.

RÉSUMÉ PAR NATURE D'ÉTABLISSEMENTS.

		BROCHES.
Filatures en 1859	233	1,395,894
Filatures en 1868	186	1,491,333
Différences { en plus . . .	»	95,439
Différences { en moins . .	49	»

		MÉTIERS.
Tissages mécaniques en 1859 .	48	10,227
Tissages mécaniques en 1868 .	60	13,669
Différences { en plus . . .	12	3,442
Différences { en moins . .	»	»

		TABLES	MACHINES à 1 couleurs	2	3	4	6	PERROTINES à 1 couleurs	2	3	4
Imprimeries d'étoffes en 1859.	34	1,170	13	6	15	20	»	8	8	41	4
Imprimeries d'étoffes en 1868.	25	577	10	4	13	19	1	8	5	24	4
Différences { en plus . . .	»	»	»	»	»	»	1	»	»	»	»
Différences { en moins . .	9	593	3	2	2	1	»	»	3	17	»

	FABRICANTS.	MÉTIERS.
Métiers à bras en 1859.	350	29,398
Métiers à bras en 1868.	322	22,670
Différences { en plus . . .	»	»
Différences { en moins . .	28	6,728

TABLEAU XXIV.

FILATURES DE LA SEINE-INFÉRIEURE

AYANT SUSPENDU MOMENTANÉMENT OU DÉFINITIVEMENT LEUR TRAVAIL DEPUIS 1859.

COMMUNES.	Nos	NOMS.	BROCHES.
Rouen.	1	. . . .	8,800
—	2	. . . .	12,800
—	3	. . . .	7,800
Barentin.	4	. . . .	8,272
—	5	. . . .	8,900
—	6	. . . .	5,280
Darnétal.	7	. . . .	7,800
—	8	. . . .	6,800
—	9	. . . .	4,200
St-Léger	10	. . . .	4,100
—	11	. . . .	7,200
Canteleu.	12	. . . .	2,800
Varengeville . . .	13	. . . .	8,192
Malaunay	14	. . . .	15,620
—	15	. . . .	10,400
Houlme	16	. . . .	4,204
—	17	. . . .	12,268
Maromme	18	. . . .	9,900
—	19	. . . .	4,500
—	20	. . . .	7,800
—	21	. . . .	3,700
—	22	. . . .	7,000
Bondeville. . . .	23	. . . .	5,200
Saint-Aubin . . .	24	. . . .	3,480
Monville.	25	. . . .	14,372
—	26	. . . .	11,070
Pavilly.	27	. . . .	3,500
—	28	. . . .	6,000
		A reporter. . .	211,958

TABLEAU XXV.

FILATURES DE LA SEINE-INFÉRIEURE

AYANT SUSPENDU MOMENTANÉMENT OU DÉFINITIVEMENT LEUR TRAVAIL EN 1869.

COMMUNES.	Nos	NOMS.	BROCHES.
Rouen.	1	. . . .	17,400
—	2	. . . .	5,800
Petit-Quevilly . .	3	. . . .	13,300
Rouen.	4	. . . .	9,096
—	5	. . . .	8,800
Barentin.	6	. . . .	10,300
—	7	. . . .	3,802
Varengeville . . .	8	. . . .	7,122
Maromme	9	. . . .	6,200
Monville.	10	. . . .	4,952
Pavilly.	11	. . . .	12,452
		A reporter. . .	99,224

TABLEAU XXIV (suite).

COMMUNES.	N°	NOMS.	BROCHES.
		Report . . .	211,958
Pavilly.	29	. . . .	8,768
—	30	. . . .	6,000
—	31	. . . .	4,416
Grand-Quevilly. .	32	. . . .	4,100
Petit-Quevilly . .	33	. . . .	10,000
Ry.	34	. . . .	4,594
Saint-Paër. . . .	35	. . . .	3,720
Oissel	36	. . . .	3,200
—	37	. . . .	1,700
—	38	. . . .	2,400
—	39	. . . .	6,900
—	40	. . . .	2,500
—	41	. . . .	1,800
—	42	. . . .	300
—	43	. . . .	2,200
—	44	. . . .	5,200
—	45	. . . .	1,400
—	46	. . . .	3,600
—	47	. . . .	1,400
—	48	. . . .	500
—	49	. . . .	1,100
—	50	. . . .	5,000
—	51	. . . .	2,400
—	52	. . . .	300
—	53	. . . .	2,800
Sotteville	54	. . . .	10,700
Bellencombre . .	55	. . . .	9,302
Auffay.	56	. . . .	2,700
St-Denis-d'Aclon.	57	. . . .	3,912
Offranville. . . .	58	. . . .	2,880
Incheville	59	. . . .	5,600
Fécamp	60	. . . .	5,700
Bolbec.	61	. . . .	7,400
Saint-Saens . . .	62	. . . .	4,800
		A reporter. . .	350,650

TABLEAU XXV (suite).

COMMUNES.	[illegible]	NOMS.	[illegible]
		Report. . .	[illegible]
Ste-Austreberthe.	12	. . . .	[illegible]
St-Etienne-Rouv.	13	. . . .	[illegible]
Ecalles.	14	. . . .	[illegible]
—	15	. . . .	[illegible]
Oissel	16	. . . .	[illegible]
—	17	. . . .	50[illegible]
—	18	. . . .	[illegible]
—	19	. . . .	[illegible]
—	20	. . . .	[illegible]
—	21	. . . .	[illegible]
—	22	. . . .	3[illegible]6
Bolbec.	23	. . . .	[illegible]
		A reporter. . .	217,8[illegible]

TABLEAU XXIV (suite).

COMMUNES.	Nos	NOMS	BROCHES.
		Report. . .	350,650
Neuville	63	. . . .	7,600
Croisy	64	. . . .	6,600
Blangy.	65	. . . .	2,300
Wittefleur	66	. . . .	5,400
Cany	67	. . . .	6,000
		TOTAL. . .	378,550

TABLEAU XXV (suite).

COMMUNES.	Nos	NOMS.	FLOCHES.
		Report. . .	217,880
		Total. . .	217,880

TABLEAU XXVI.

FILATURES DE L'EURE

AYANT SUSPENDU MOMENTANÉMENT OU DÉFINITIVEMENT LEUR TRAVAIL DEPUIS 1859.

COMMUNES.	N°	NOMS.	BROCHES.
Perriers-sur-Andelle	1		6,[illegible]
Menesqueville	2		7,[illegible]
Charleval	3		9,[illegible]
Douville	4		14,7[illegible]
Pont-Saint-Pierre	5		5,[illegible]0[illegible]
Bernay	6		6,4[illegible]
St-Quentin-des-Iles	7		5,0[illegible]
Brionne	8		27,[illegible]
		TOTAL.	82,700

TABLEAU XXVIII.

TISSAGES DE LA SEINE-INFÉRIEURE

AYANT SUSPENDU MOMENTANÉMENT OU DÉFINITIVEMENT LEUR TRAVAIL DEPUIS 1859.

COMMUNES.	N°	NOMS.	MÉTIERS.
Rouen	1		174
—	2		272
Houlme	3		112
Monville	4		1[illegible]
Torcy-le-Grand	5		1[illegible]
Houlot-sur-Mer	6		1[illegible]
Eurville	7		[illegible]
Fécamp	8		[illegible]
—	9		[illegible]
Bolbec	10		[illegible]
		TOTAL.	1,158

TABLEAU XXVII.

FILATURES DE L'EURE

AYANT SUSPENDU MOMENTANÉMENT OU DÉFINITIVEMENT LEUR TRAVAIL EN 1869.

COMMUNES.	N°.	NOMS.	BROCHES.
Serquigny	1		9,500
Nassandre	2		2,100
Pont-Saint-Pierre	3		74,684
Saint-Laurent	4		2,460
Menneval	5		4,800
		TOTAL	93,544

TABLEAU XXIX.

TISSAGES DE LA SEINE-INFÉRIEURE

AYANT SUSPENDU MOMENTANÉMENT OU DÉFINITIVEMENT LEUR TRAVAIL EN 1869.

COMMUNES.	N°.	NOMS.	MÉTIERS.
Rouen	1		216
Hautot-sur-Mer	2		154
Sauqueville	3		175
Fécamp	4		167
Bolbec	5		144
		TOTAL	856

TABLEAU XXVIII.

TISSAGE DE L'EURE

AYANT SUSPENDU MOMENTANÉMENT OU DÉFINITIVEMENT SON TRAVAIL DEPUIS 1859.

COMMUNE.	N°	NOM.	MÉTIERS.
Menneval.	1	. . . .	134

TABLEAU XXX.

FILATURES ACTUELLEMENT ENCORE EN CHOMAGE.

COMMUNES.	N°s	NOMS.	BROCHES.
		Seine-Inférieure.	
Rouen.	1	. . . .	3,800
—	2	. . . .	10,700
—	3	. . . .	5,600
—	4	. . . .	8,300
—	5	. . . .	2,100
Sotteville	6	. . . .	6,900
—	7	. . . .	4,300
Darnétal.	8	. . . .	1,500
—	9	. . . .	2,200
Canteleu.	10	. . . .	2,800
Maromme	11	. . . .	9,900
—	12	. . . .	7,000
—	13	. . . .	5,800
Oissel	14	. . . .	2,100
—	15	. . . .	3,360
		A reporter. . .	76,360

TABLEAU XXX (suite).

COMMUNES.	Nos	NOMS.	BROCHES.
Seine-Inférieure.			
		Report. . .	76,360
Oissel.	16	. . . .	6,912
—	17 à 21	. . . .	2,590
Petit-Quevilly	22 à 24	. . . .	1,800
Saint-Martin-du-Vivier.	25	. . . .	2,288
Houlme	26	. . . .	4,204
Malaunay	27	. . . .	10,400
Monville.	28	. . . .	3,120
Ry	29	. . . .	4,594
Auffay.	30	. . . .	3,744
Barentin.	31	. . . .	5,100
Duclair	32	. . . .	3,156
Pavilly.	33	. . . .	7,824
Saint-Paër.	34	. . . .	3,720
Claville	35	. . . .	4,680
Saint-Wandrille	36	. . . .	3,016
Incheville	37	. . . .	768
Neuville	38	. . . .	7,600
Blangy.	39	. . . .	2,300
Croisy	40	. . . .	6,600
		TOTAL. . .	160,776
Eure.			
Pont-Saint-Pierre . . .	1	. . . .	74,684
Saint-Laurent	2	. . . .	2,460
Nassandre	3	. . . .	2,100
		TOTAL. .	79,244

TABLEAU XXXI.

IMPRESSIONS SUR TISSUS DE COTON EN MARCHE AU 1er JANVIER 1861 (EURE).

COMMUNES.	Nos	NOMS DES EXPLOITANTS	TABLES.	ROULEAUX A 1 couleur	2 couleurs	3 couleurs	4 couleurs
Radepont . . .	1	Dessaint (Nicolas) . .	25	2	1	1	1
Charleval . . .	2	Kœgler	5	1	»	1	»
		TOTAL. . .	30	3	1	2	1

TABLEAU XXXII.

IMPRESSIONS SUR TISSUS DE COTON EN MARCHE AU 1er JANVIER 1869 (EURE).

COMMUNE.	N°	NOM DE L'EXPLOITANT.	TABLES.	ROULEAUX À 1 couleurs.	2	3	4
Radepont . . .	1	Daliphard (Modeste).	25	2	1	1	1

TABLEAU XXXIII. TABLEAU XXXIV.

TABLEAU DES EXPORTATIONS ET IMPORTATIONS DES FILS ET TISSUS DE COTON,

PENDANT LES HUIT ANNÉES QUI ONT PRÉCÉDÉ LE TRAITÉ DE COMMERCE AVEC L'ANGLETERRE (1860) ET PENDANT LES HUIT ANNÉES QUI L'ONT SUIVI (Commerce spécial).

	EXPORTATIONS			IMPORTATIONS		
	Fils.	Tissus écrus et blancs.	Imprimés et teints.	Fils.	Tissus écrus et blancs.	Imprimés et teints.
1853	866,802	18,761,626	I 19,804,894 T 7,922,962	1,112,139	1,163,471	
1854	734,970	16,717,651	I 16,987,417 T 7,421,145	687,642	1,006,913	
1855	669,687	21,558,737	I 18,756,516 T 8,620,300	922,775	1,099,085	
1856	830,205	19,248,859	I 18,833,117 T 8,769,967	896,381	1,061,363	
1857	1,813,406	15,359,899	I 16,695,261 T 7,905,558	754,380	1,330,732	
1858	1,487,322	15,548,120	I 17,916,996 T 7,246,762	1,212,261	809,277	
1859	954,768	15,161,824	I 18,064,102 T 6,765,392	1,307,640	773,131	
1860	1,281,485	20,878,080	I 15,571,065 T 5,912,207	1,016,349	763,538	
	8,629,705	143,231,805	I 142,028,688 T 59,837,383	8,209,567	8,007,510	
			201,866,071			

	EXPORTATIONS			IMPORTATIONS		
	Fils.	Tissus écrus et blancs.	Imprimés et teints.	Fils.	Tissus écrus et blancs.	Imprimés et teints.
1861	1,063,781	23,785,158	I 7,524,148 T 4,167,718	5,083,551	3,415,729	I » T 227,5[illegible]
1862	1,603,688	26,424,168	I 6,306,987 T 5,045,913	12,845,119	4,673,925	I » T 332,621
1863	1,881,368	48,827,612	I 13,186,163 T 6,704,102	7,402,247	2,166,657	I » T 229,852
1864	2,495,810	44,695,695	I 15,772,629 T 12,301,210	7,331,041	3,541,817	I 457,712 T 191,871
1865	2,396,142	37,671,265	I 20,654,609 T 17,229,985	11,240,9[illegible]	1,997,[illegible]	I 766,581 T 242,069
1866	1,881,616	31,757,628	I 17,731,646 T 13,219,883	14,590,978	11,527,460	I 1,301,745 T 189,761
1867	1,301,301	18,862,889	I 10,538,340 T 14,701,581	9,468,298	6,565,218	I 1,049,789 T 620,935
1868	1,881,616	51,757,638	I 17,731,646 T 13,219,883	14,582,040	11,527,460	I 1,301,745 T 189,761
	14,568,325	262,781,031	I 109,837,859 T 79,490,288	82,656,449	44,772,895	I 4,811,572 T 2,824,495
			189,328,147			7,636,067

NOTA. — Les chiffres qui figurent ici aux importations, dans les colonnes reservées aux tissus, se composent de : tulles, dentelles, nankins, guinées, etc. Il n'a été importé dans la première période (1853 à 1860) aucuns tissus écrus et blancs, imprimés et teints.

TABLEAU XXXV

RÉCAPITULATION DU TABLEAU XXXIII-XXXIV

DE 187[illegible] A [illegible]			DE [illegible] A [illegible]		
	EXPORTATIONS.	IMPORTATIONS.		EXPORTATIONS.	IMPORTATIONS.
Fils	8,629,705	[illegible]	Fils	14,[illegible]	[illegible]2,656,449
Tissus écrus et blancs.	148,224,[illegible]5	[illegible]	Tissus écrus et blancs.	[illegible]	[illegible],772,395
Imprimés et teints . . .	201,[illegible]		Imprimés et teints . . .	[illegible]	7,636,067
Totaux. . . .	353,732,581	[illegible]	Totaux. . . .	[illegible]73,747,[illegible]	1[illegible],0[illegible]4,911
	16,217,077			135,0[illegible]	
Différence. . . .	337,515,504		Différence	338,652,594	

338,652,594
337,515,504

1,137,090

TABLEAU XXXVI.

RELEVÉ DES HOUILLES INTRODUITES A ROUEN,

PENDANT LES ANNÉES 1865, 66, 67, 68 ET LES TROIS PREMIERS MOIS DE 1869.

ANNÉES	BELGES				FRANÇAISES			ANGLAISES		
	WAGONS.		NAVIRES.	TOTAL.	WAGONS.	NAVIRES.	TOTAL.	WAGONS.	NAVIRES.	TOTAL.
	Quintaux.		Quintaux.	Quintaux.	Quintaux.	Quintaux.	Quintaux.	Quintaux.	Quintaux.	Quintaux.
1865	»		455,56[illegible]	455,56[illegible]	»	331,[illegible]	[illegible]	[illegible]	7[illegible]	1,071,[illegible]7
1866	»		525,676	525,676	»	231,[illegible]5	[illegible]	[illegible]	[illegible]	1,[illegible]18,14[illegible]
1867	Trois prem. trim.		174,022	»	»	73,5[illegible]0	»	»	»	»
	Chemin de fer du Nord août et sept.	10,439	»	2[illegible]1,[illegible]	15,815	»	1[illegible]	[illegible]	[illegible]	1,61[illegible],96[illegible]
	Quatrième trimestre.	33,40[illegible]	13,439	»	11,863	30,6[illegible]	»	»	»	»
1868		183,95[illegible]	166,617	319,967	[illegible]	151,151	2[illegible]7,317	4[illegible]2,[illegible]77	1,[illegible]	1,[illegible]39,8[illegible]
1869 3 mois		76,79[illegible]	32,396	109,186	19,5[illegible]	163,[illegible]28	[illegible]	[illegible]	[illegible]	[illegible]29,32[illegible]
		304,570	1,367,041	1,671,611	143,251	9[illegible]1,966	1,10[illegible],220	1,[illegible]31,812	[illegible]	5,[illegible]71,35[illegible]

TABLEAU XXXVII.

RELEVÉ DES QUANTITÉS DE HOUILLES ANGLAISES,

IMPORTÉES PAR LES PORTS DE LA SEINE-INFÉRIEURE, PENDANT LES ANNÉES 1865, 1866, 1867 ET 1868.

	1865	1866	1867	1868
	Quintaux.	Quintaux.	Quintaux.	Quintaux.
Harfleur.	40,296	50,403	51,553	29,845
Le Havre	1,058,277	1,369,106	1,514,193	1,470,843
Fécamp	416,438	403,508	362,536	341,372
St-Valery-en-Caux .	38,102	35,446	39,416	40,548
Dieppe	1,721,535	2,268,748	2,698,866	2,396,808
Tréport	45,230	72,413	55,316	39,661
Eu.	39,608	36,413	37,267	31,053
La Bouille.	2,854	»	»	»
Croisset	19,212	28,453	31,128	27,996
Duclair	1,310	13,460	19,855	24,799
Caudebec	»	3,975	5,857	13,128
Rouen.	666,524	863,061	1,074,819	927,170
TOTAUX. . . .	4,049,386	5,144,986	5,890,806	5,343,223
Charbons du Nord, Rouen, Elbeuf, par la Seine et les chem. de fer.				800,000
				6,143,223

TABLEAU XXXVIII.

1868. HOUILLES. (HAUTE-SEINE)

DÉSIGNATION des PORTS DE DESTINATION	QUANTITÉS expédiées en tonnes.	DÉSIGNATION des PORTS DE CHARGEMENT	QUANTITÉS expédiées en tonnes.
Lescure.	7,745	Bassin du Nord. . . .	3,542
Elbeuf.	13.130	Bassin de Charleroy. .	10,857
Andelys.	1,232	Bassin fraçais.	17,352
Saint-Denis.	540		
Saint-Ouen	»		
Paris, Bercy, la Villette	14,482		
Ports intermédiaires .	3,952		
Ports de l'Eure. . . .	7		
Ports de l'Oise	71		
Ports de l'Aisne. . . .	52		
TOTAL.	41,211		31,751
		Elbeuf, Seine et chemin de fer	80,000
		TOTAL.	111,731

TABLEAU XXXIX.

FRAIS DE NAVIGATION D'UNE PÉNICHE

DE ROUEN A LA FRONTIÈRE BELGE PAR CONDÉ (467 kil.)

PARCOURS	PARCOURS SUR LES (par tonne et par kilom.)	
	RIVIÈRES à 002 mil.	CANAUX à 002 mil.
Haute Seine,		
De Rouen à l'embouchure de l'Oise. . .	172 kil.	
Oise canalisée,		
De l'embouchure dans la Seine à Janville.	»	105 kil.
Canal latéral à l'Oise,		
De Janville à Manicamp	»	29
Canal de Manicamp,		
De Manicamp à Chauny	»	5
Canal de Saint-Quentin,		
De Chauny à Cambrai	»	93
Escaut canalisée,		
De Cambrai à la frontière, par Condé . .	»	63
	172	295
TOTAL.	467 kil.	

DROIT DE NAVIGATION SUR 100 TONNES.

(LE SEUL QU'IL Y AIT A PAYER.)

Rivières,	172 kilom. à 001 mil. . . .	17 fr.	20
Canaux,	295 — à 002 mil. . . .	59	»
	Principal.	76 fr.	20
	Double décime . . .	15	24
	TOTAL de tous les droits (100 tx.).	91 fr.	44

Les droits peuvent être payés :

A la remonte, à Rouen, jusqu'à Compiègne ou Chauny et de ces deux points jusqu'à la frontière.

A la descente, à Condé, pour tout le parcours.

DE ROUEN A LA FRONTIÈRE BELGE, PAR MONS (457 kil.).

Rivières	172 kil.
Canaux.	285
TOTAL.	457 kil.

TABLEAU XL.

TABLEAU RÉCAPITULATIF.

1869.

DÉSIGNATION DES INDUSTRIES.	NOMBRE D'ÉTABLISSEMENTS.	CAPITAL DU MATÉRIEL.	MAIN-D'ŒUVRE		CHEVAUX-VAPEUR.	COMBUSTIBLE		MATIÈRES PREMIÈRES		PRODUCTION de chaque SPÉCIALITÉ.	TOTAL de la PRODUCTION.
			OUVRIERS employés.	SALAIRES annuels.		Consommation.	DÉPENSE.	POIDS.	VALEUR.		
		fr.		fr.		tonn.	fr.	kil.	fr.	fr.	fr.
Filatures : Seine-Inférieure et Eure réunies	246	96,055,850	17,000	18,000,000	15,368	153,689	3,381,158	55,464,574	148,500,000	50,000,000	202,000,000
Tissage mécanique — — —	83	20,580,400	17,000	15,500,000	2,900	48,000	1,056,000	27,170,000	81,510,000	20,377,500	101,887,500
Indiennes et Doublures — —	24	38,000,000	5,150	6,695,000	4,975	53,700	1,182,000	20,000,000 (1)	57,210,000	23,925,000	68,590,000
Rouenneries	322	1,533,500	61,340	17,121,527	Néant.	Néant.	Néant.	4,891,865	24,459,325	19,567,460	44,026,785
Produits chimiques : Soudes et Chromates	3	4,100,000	885	1,126,500	130	47,700	1,097,400	75,177,000	3,091,790	7,260,900	7,270,900
Distilleries	3	1,200,000	150	200,000	Mémoire.	12,000	264,000	22,000,000	4,500,000	5,000,000	5,000,000
Teinturerie et Apprêts	45	3,595,000	1,975	1,862,500	—	22,000	484,000	6,000,000	5,750,000	9,080,000	10,000,000
TOTAUX	726	165,073,750	103,500	60,505,527	23,393	337,089	7,464,618	211,703,439	325,021,115	135,210,860	438,775,185
Commissionnaires en Rouenneries											200,000,000
Commissionnaires en Tissus											100,000,000
Commissionnaires en Filés											100,000,000
Commissionnaires en Produits chimiques et Matières tinctoriales											20,000,000
TOTAL GÉNÉRAL											858,775,185

(1) Le poids des matières premières de cette spécialité est difficile à évaluer, on compte :
Tissus . . . . 10,000,000 kil.
Matières tinctoriales . . . . 10,000,000 —
TOTAL égal. . . . 20,000,000 kil.

DÉLIBÉRATION

M. le Président met aux voix l'ensemble du Rapport.

L'ensemble du Rapport est adopté. Puis, sur la proposition de l'un des Membres, la Chambre, reconnaissant toute l'importance du travail qui vient de faire l'objet de ses délibérations, décide qu'il sera livré à l'impression et distribué :

A MM. les Ministres, aux Intéressés, à ceux des Membres du Sénat et du Corps Législatif, qui seront particulièrement appelés à examiner les questions soulevées par ce Mémoire.

Pour le Président empêché :

Le Vice-Président,

J. LEVAVASSEUR.

Le Secrétaire,

ERNEST LE PICARD.

TABLE DES MATIÈRES.

www.ingramcontent.com/pod-product-compliance
Ingram Content Group UK Ltd.
Pitfield, Milton Keynes, MK11 3LW, UK
UKHW020559180726
13838UKWH00001B/348